GOLF
PERFEKT

Für Kelly, Andy und Hally –
Eure Liebe und Unterstützung
geben mir die Kraft zu unterrichten

GOLF PERFEKT

DAVID LEADBETTER

mit John Huggan

Illustrationen von
Dave F. Smith

Vorwort von
Nick Price

Jahr Verlag Hamburg

Veröffentlicht von Collins Willow
im Harper Collins Verlag London
unter dem Titel: Faults and Fixes

Der Autor behält sich das Recht vor,
sich Autor dieses Buches zu nennen.

Herausgegeben von Richard Simmons

Jahr-Verlag GmbH & Co.
Jessenstraße 1, D-22767 Hamburg
Telefon 040/38906-0, Telefax 040/38906-302

Aus dem Englischen übersetzt von
Carl August Freiherr von Thüna
Ruth Freifrau von Thüna

Entwurf und Produktion von
Cooling Brown, Hampton, Middlesex

Satzherstellung: Partner Satz GmbH, Hamburg

Druck und Einband in Italien

ISBN 3-86132-110-6

INHALT

VORWORT

von Nick Price – USPGA Champion 1992

Im Jahr 1982 spürte ich zum ersten Mal den ungeheuren nervlichen Druck, den das Spielen in einer internationalen Meisterschaft verursacht, als ich vier Löcher vor Schluß in der British Open im Royal Troon noch zwei Schläge vor Tom Watson lag. Damals fehlte mir als frischgebackenem, fünfundzwanzig Jahre alten Professional aber noch die nötige Erfahrung. So brach mein Spiel zusammen, und ich endete zusammen mit einem anderen Teilnehmer auf dem zweiten Platz. Der Gegensatz zwischen der damaligen Leistung und meinem ersten großen Sieg volle zehn Jahre später in der 1992 USPGA Championship in Bellerieve zeigt die in diesem Zeitraum gesammelten Erfahrungen, die Reife, das tiefere Verständnis für meinen eigenen Schwung und, last but not least, für Wert und Bedeutung der Geduld. Und so ist es kein Zufall, daß ich in der Zeit zwischen diesen Meilensteinen meiner Karriere meinem Lehrer David Leadbetter begegnete und mit ihm Freundschaft schloß.

Davids Begeisterung für das Spiel und die Arbeit am Golfschwung ist wahrlich ansteckend. Seine klare Lehrmethode, die er, wie Sie bei der Lektüre dieses Buches feststellen werden, wo immer nötig durch verschiedene praktische Übungsanleitungen unterstreicht, hat es mir ermöglicht, all das mit Golfunterricht häufig verbundene lästige Zeug beiseite zu schieben. Ob er die Bedeutung der Grundbegriffe des Golf heraushebt, die Wirkung der Drehbewegung des Körpers unterstreicht oder die Vorteile einer rationalen Auseinandersetzung mit dem Platz bespricht, David geht den Dingen mit klaren und einfachen Formulierungen auf den Grund. Die Basis seiner Theorien ist die einfache Prämisse, daß man nur dann den Ball sauber treffen und permanent gutes Golf spielen kann, wenn man es lernt, die größeren Muskelgruppen an Rumpf und Beinen mit den kleineren an Händen und Armen harmonisch zusammenwirken zu lassen.

Das gilt für den vollen Schwung genau so wie für das kurze Spiel und das Putten. Letzten Endes hängt der Erfolg für den Spieler von einem ausgeprägten Gefühl für die Kontrolle aller seiner mentalen und physischen Aktionen ab – und genau darauf kommt es im Golf an.

In seinem Buch *Golf perfekt* hat David das Konzept seiner Lehrmethode in Theorie und praktischen Anleitungen so klar und knapp dargelegt, daß es all den Golfern eine Hilfe sein wird, die ihr Spiel wirklich ernst nehmen. Beeindruckend ist dabei, wie er ein breites Spektrum von Problemen und Fehlern im Golf schonungslos offenlegt, in jedem Fall aber leicht zu befolgende Lösungsvorschläge anbietet. Die Menschen sind verschieden, aber wie groß Ihre Spielstärke und wie hoch Ihr Handicap auch sein mögen, David wird Ihnen helfen, Ihre Fehler zu erkennen und zu beseitigen. Er erläutert dann die gedanklichen

Voraussetzungen, genau so wie er praktische Vorschläge für die Arbeit auf dem Übungsplatz und für das Spiel auf der Runde anbietet. Das höchste Ziel eines Lehrers soll es ja sein, den Schüler so weit zu bringen, daß er selbst sein bester Trainer wird.

In diesem Sinn sollten Sie *Golf perfekt* weniger als Lehrbuch, sondern eher als Trainingsanleitung betrachten, als wertvolle Fundgrube, wann immer ein bestimmter Sektor des Spiels Ihnen Kummer macht.

Ich selbst bin da in einer glücklichen Lage. Wenn ich ein Problem habe, so wende ich mich direkt an David. Für Ihr Spiel ist dieses Buch zumindest die zweitbeste Möglichkeit.

Nick Price

EINLEITUNG

Viele junge Professionals und Spitzenamateure, die in der ganzen Welt zu meinen Schülern zählen, haben es sich zur Lebensaufgabe gemacht, ihre spielerischen Möglichkeiten bis zum äußersten auszuschöpfen. Sie haben die Zeit und – was noch wichtiger ist – den brennenden Wunsch, der Beste zu werden. Und für diese begeisterten Golfer ist der tiefere Sinn meiner Philosophie in meinem ersten Buch, *Der Golfschwung*, von ganz besonderer Bedeutung.

In dem Buch *Der Golfschwung* habe ich mich hauptsächlich mit den theoretischen Aspekten der modernen Lehrmethode beschäftigt, wobei ich mich auf die in jahrelanger Arbeit mit einigen der größten Golfer der Welt gesammelten Erfahrungen stützen konnte. Golf und das damit verbundene Lehren sind meine Lebensaufgabe, deren tieferen Sinn und letztes Ziel man den Traum eines Puristen nennen könnte. Aber da gab es auch kleine Zweifel. Beim Korrekturlesen des doch recht komplizierten Textes wurde mir klar, daß der Aufbau eines Golfschwunges auf der Basis einer derart strengen theoretischen Vorgabe für die Masse der Golfer möglicherweise genau das bleiben würde – ein Traum. Und die vielen Fragen, die mir auf meinen Reisen zu den verschiedenen Golf-Akademien in der ganzen Welt immer wieder gestellt wurden, ließen in mir schließlich den Entschluß reifen, ein für jedermann leicht verständliches Handbuch herauszubringen, das sich mit den alltäglichen Problemen und üblichen Fehlern im Golf befaßt – ein Vademekum für alle diejenigen, die einfach besser spielen wollen.

So entstand das Konzept von *Golf perfekt*, ein Handbuch zur Selbsthilfe, das jeden Spieler in die Lage versetzt, letztendlich sein eigener Trainer zu werden. Drei Jahre später war das Buch fertig – *Golf perfekt*, ein praktischer, umfassender Leitfaden, behandelt die achtzig häufigsten Problemkreise im Golf. Das geht von der Art, wie man den Schläger greift bis zum Explosionsschlag aus dem Bunker, von der richtigen Strategie beim Kampf gegen den Wind bis zu der Kunst, Zweimeter-Putts sicher einzulochen, nichts wurde ausgelassen. Technische Tips, praktische Übungsanleitungen und allgemeine Ratschläge dienen der Beantwortung Ihrer Fragen und damit der Verbesserung Ihres Spiels. Ich bin schon seit langem davon überzeugt, daß Schwung- und Schlaggefühl in dem gesamten Lernprozess des Golf eine wichtige Rolle spielen.

Wenn zum Verstehen der Vorgänge noch das Gefühl für sie hinzukommt, so wird das von unschätzbarem Wert sein, die beste Basis zur Verbesserung des mechanischen Schwungablaufes. Diesem Zweck dienen die zahlreichen praktischen Übungsanleitungen, deren Umsetzung Ihnen das Gefühl für jeden Teil des Schwunges nahebringen und Sie dadurch in die Lage versetzen sollen, die notwendigen Korrekturen so leicht und so schnell wie möglich vorzunehmen.

Wie benutzt man *Golf perfekt?*

Den größten Nutzen werden Sie von dem Buch haben, wenn Sie es erst einmal von vorn bis hinten durchlesen, um seinen Zweck und seine Konzeption zu erfassen. Wenn Sie dann Ihr eigenes Spiel realistisch analysiert haben, können Sie daran gehen, Schwachstellen in einzelnen Bereichen systematisch auszuschalten, und zwar an Hand meiner Übungsanleitungen. Einige Fehler sind wahrscheinlich durch eine einfache Korrektur schnell zu berichtigen, bei anderen wird es länger dauern. Verlieren Sie also nicht die Geduld und die Lust am Üben.

Schließlich ist dies der Lohn für Ihr strebendes Bemühen. *Golf perfekt* kann Ihnen nur Ideen und Anleitungen geben, die praktische Umsetzung liegt allein bei Ihnen. Unterschätzen Sie ja nicht den Wert praktischen Übens – selbst fünf Minuten täglich zu Hause werden hilfreich sein. Und wenn Sie dann mit dem Wissen auf den Platz gehen, werden Sie merken, wieviel Spaß es macht, ernsthaft und systematisch am eigenen Spiel zu arbeiten. „Übung macht den Meister", lautet das Sprichwort. Das mag wahr sein, aber ich würde folgende Formulierung vorziehen: Üben bringt Beständigkeit!

Besonders aus diesem Grund habe ich in diesem Buch die achtzig häufigsten Probleme und Lösungen zusammengefaßt. Es soll Ihnen helfen, die Grundbegriffe des Golf nach den neuesten Erkenntnissen zu verstehen und für Ihr eigenes Spiel zu nutzen. Viel Spaß!

David Leadbetter

1. KAPITEL
Ansprechen des Balles

Das korrekte Ansprechen des Balles ist für mich die wichtigste Voraussetzung für einen kraftvollen Golfschwung. Nur in der richtigen Stellung werden Ihr Körper und Ihr Schläger eine Einheit bilden und den optimalen Schwungablauf ermöglichen.

Erster Fehler

Falsche Haltung der linken Hand

Wenn ich dem Durchschnittsgolfer einen grundsätzlichen Rat geben darf, dann sollten er oder sie besonders darauf achten, die linke Hand richtig an den Schläger zu legen. Dies gilt besonders, wenn man zum Slice neigt und keine langen Bälle zustande bringt. Immerhin ist diese Hand der erste Kontakt zwischen Spieler und Schläger, und sie ist damit das entscheidende Verbindungsglied für das korrekte Abwinkeln der Handgelenke und einen harmonischen Schwungablauf.

Man kann sich mit dem Griff aber auch selbst täuschen. Von außen mag es richtig ausschauen, tatsächlich aber ist der Wurm drin. Und das läßt sich nur erkennen, wenn man die Hand öffnet, um zu sehen, wie der Schläger wirklich liegt. Diese kleine Prüfung ist deshalb äußerst wichtig. Greifen Sie Ihren Schläger also ganz normal und öffnen Sie dann die linke Hand. Liegt der Schaft quer über dem Handteller, nahe dem Daumenballen, dann werden Sie die Handgelenke kaum richtig abwinkeln; das aber kostet Länge und Präzision des Schlages. Ein sicheres Indiz für diesen Fehler ist Ihr durchgescheuerter Handschuh am unteren Teil des Handtellers. So kostet der Fehler auch noch zusätzlich Geld.

ERSTE KORREKTUR

Greifen Sie richtig, dann schwingen Sie richtig!

Stehen Sie leicht nach vorn gebeugt und lassen Sie die Arme frei vor dem Körper herunterhängen, so werden die Handflächen ganz von selbst nach innen zeigen. Nehmen Sie nun mit der rechten Hand den Schläger, legen Sie ihn in die Finger der linken Hand und achten Sie darauf, daß die Innenseite Ihres linken Unterarms und die Unterkante des Schlägerblattes parallel zueinander ausgerichtet sind. Dabei sollte der linke Daumen gerade auf dem Schaft liegen, entweder genau auf der Oberseite oder etwas nach rechts abgedreht. Der Daumen ist nicht betont gestreckt, sondern eher locker und ganz leicht gekrümmt. Das ist ein kleines, aber wichtiges Hilfsmittel, um eine optimale Hebelwirkung im Schwung zu erzielen.

Halten Sie den Schläger mit diesem Griff vor sich und schauen Sie dann auf ihn herunter. In dieser Haltung sollten Sie zwei bis drei Fingerknöchel auf dem linken Handrücken sehen und das Gewicht des Schlägerkopfes bewußt fühlen.

Der entscheidende Unterschied zwischen richtigem und falschem Griff aber liegt, wie schon gesagt, im Inneren der linken Hand. Öffnen Sie dieselbe, und Sie werden erkennen, was ich meine. Der Schaft verläuft jetzt vom Ansatz des kleinen Fingers diagonal zur Mitte des Zeigefingers. Es ist immer noch ein Griff mit der ganzen Hand; diese korrekte Haltung des Schlägers aber ermöglicht erst die notwendige Flexibilität des linken Handgelenkes und damit die Drehbewegung, aus der heraus der Schlägerkopf im Treffmoment die höchste Geschwindigkeit erreichen kann.

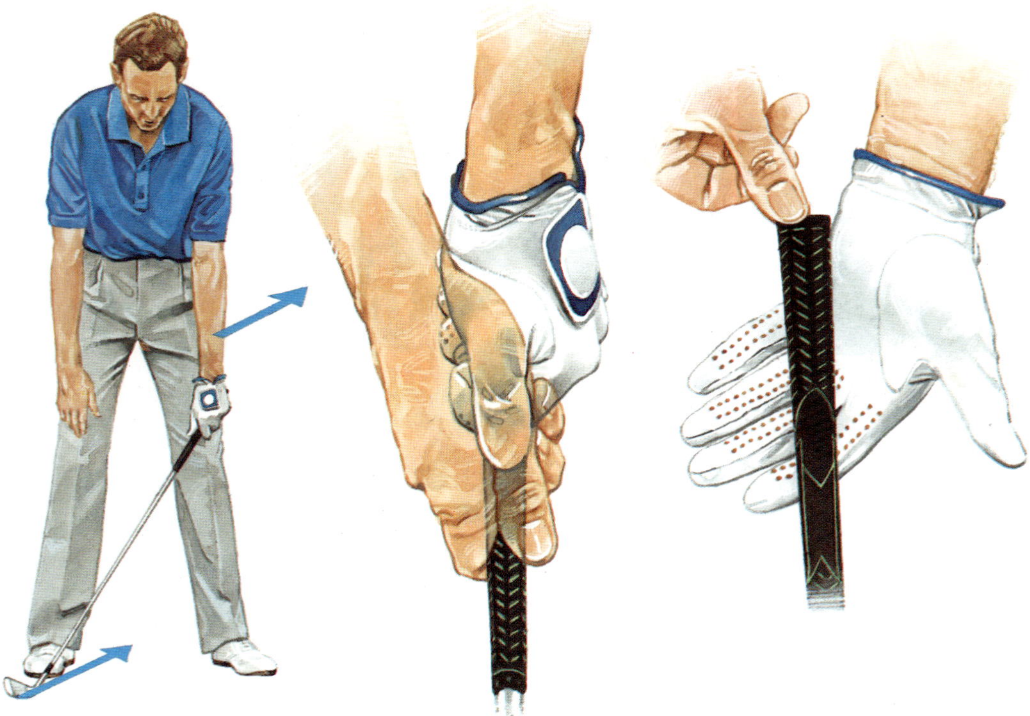

Zweiter Fehler

Falsche Haltung der rechten Hand

Für das Zustandekommen eines guten Golfschwunges sind die rechte und die linke Körperhälfte gleichermaßen wichtig – ein Gleichklang, der wiederum von einem harmonischen Zusammenwirken beider Hände abhängt.

Für alle von Natur aus rechtshändigen Menschen ergibt sich daraus jedoch ein gewisses Problem. Sie neigen dazu, den Schläger zu stark mit der rechten Hand zu fassen, so als ob sie einen Hammer packen wollten. Damit aber dominiert die rechte Hand unweigerlich die linke.

Wenngleich ein solcher Griff Ihnen auch besonders kräftig erscheinen mag, so erzeugt er doch eine ganze Reihe von Problemen und führt letzten Endes zu einem kraftlosen Schwung. Außerdem führt dieser Griff auch dazu, daß man den Schläger nicht hochschwingt, sondern primär mit der rechten Hand „hochhebt", womit Weite und Rhythmus zum Teufel sind. Ein solch hastiges Hochheben beeinträchtigt die Ausrichtung der Schlagfläche, begünstigt außerdem einen zu starken Einsatz des Oberkörpers und die zu frühe Kraftentfaltung im Abschwung.

Zur Gewährleistung einer wirkungsvollen Zusammenarbeit mit der linken Hand muß die rechte in einer – wie ich es nennen möchte – „neutralen" Art und Weise mit dem Schläger verbunden werden. Nur dann können Hände und Körper des Spielers optimal zusammenwirken.

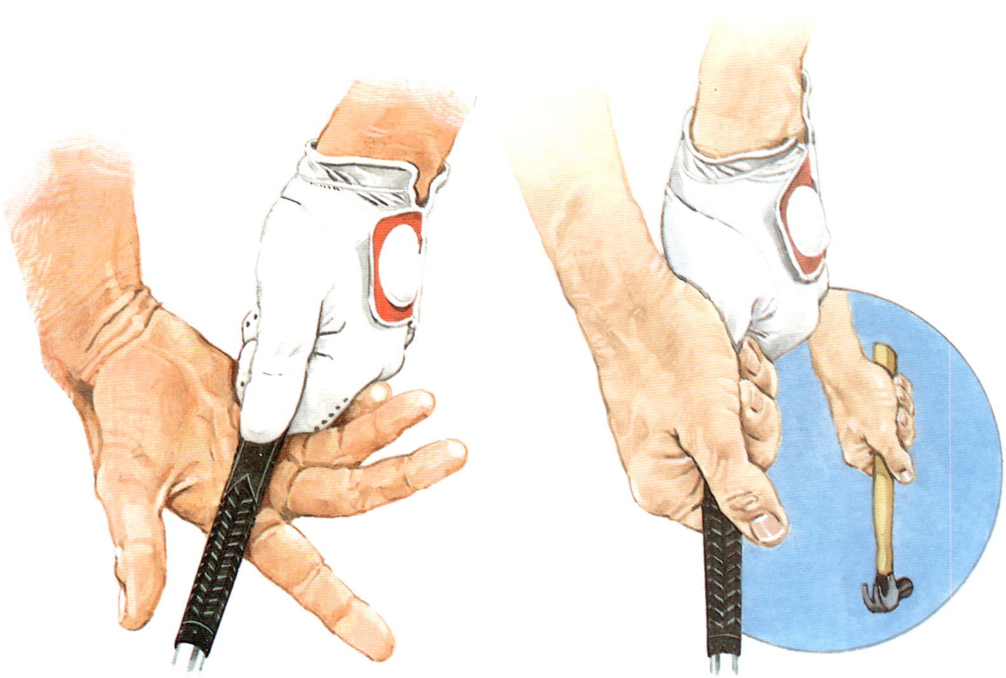

Zweite Korrektur

Halten Sie den Schläger mehr in den Fingern

✓ Sie werden ein besseres Gefühl haben, und das Zusammenwirken mit der linken Hand wird besser funktionieren, wenn Sie den Schläger primär in den Fingern der rechten Hand halten. Der Schaft liegt dann diagonal in der rechten Hand, vom Ansatz des kleinen Fingers über die Gelenke des Ring- und Mittelfingers bis zur Mitte des Zeigefingers. Wenn Sie die rechte Hand um den Schläger schließen, ist der linke Daumen völlig verdeckt und liegt fest in der weichen Mulde vor dem rechten Daumenballen.

Ist der Griff korrekt, so sollten die Hände parallel zueinander am Schaft liegen. Zwischen Zeige- und Mittelfinger der rechten Hand bleibt ein kleiner Zwischenraum. Der Zeigefinger legt sich um den Schaft, in einer ähnlichen Haltung wie bei der Betätigung eines Gewehrabzuges, und dabei berührt er leicht die Spitze des rechten Daumens. Durch diese beiden Finger bekommt der Spieler das Gefühl für den richtigen Griff und Einsatz der rechten Hand. (Bei ein paar Waggles läßt sich leicht erkennen, was ich damit sagen will.) Ob Sie nun mit dem unten dargestellten Overlapping Grip spielen oder mit dem weniger verbreiteten Interlocking- oder Zehn-Finger-Griff; diese korrekte Plazierung der Hände am Schaft wird in jedem Fall sicherstellen, daß Sie den Schläger nicht hochreißen, daß Ihre Hände dafür aber harmonisch und wirkungsvoll zusammenarbeiten.

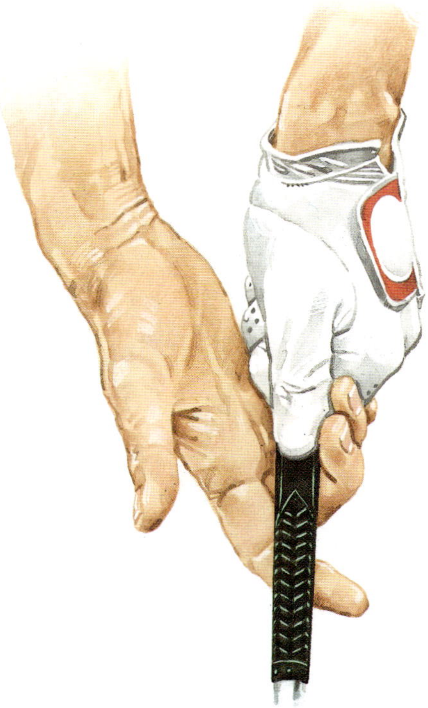

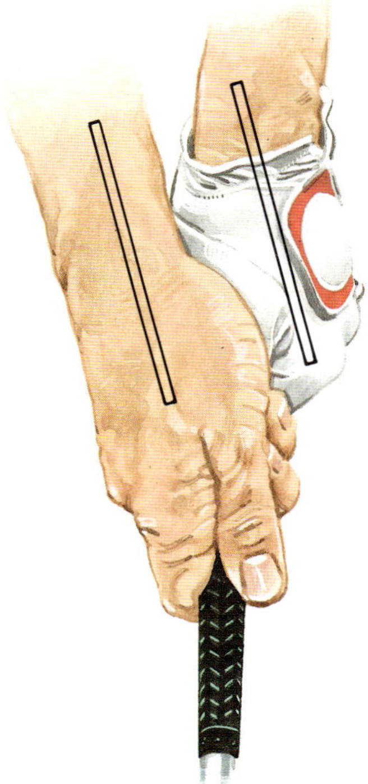

DRITTER FEHLER

Ihr Griff lockert sich im Verlauf des Schwunges

Haben Sie je das Gefühl, daß Ihre Hände sich im Verlauf des Schwunges vom Schläger lösen? Wenn ja, so ist das ein ernst zu nehmendes Problem. Jede derartige Lockerung führt unweigerlich dazu, daß Sie im weiteren Verlauf des Schwunges ganz instinktiv versuchen, den Schläger wieder fest in den Griff zu bekommen. Eine korrekte Ausrichtung der Schlagfläche im Treffmoment ist dann aber ausgeschlossen. Ob und wie Sie den Ball dann treffen, ist reine Glückssache.

Dieses Unglück passiert meistens am Ende des Rückschwunges und besonders bei Spielern, die zum Überschwingen neigen. Generell kann man sagen, daß sich dabei entweder die weichen Teile der rechten Hand vom linken Daumen lösen oder daß die linke Hand den Schläger losläßt.

Dritte Korrektur

Die wichtigen Druckpunkte Ihrer Hände

Kein Lehrer, der sein Geld wert ist, würde jemals dazu raten, den Schläger übertrieben fest zu greifen. Es gibt aber gewisse „Druckpunkte“, an denen zwischen Händen und Schläger ein fester Kontakt bestehen muß, wenn man den Schläger kontrolliert schwingen will.

So sollten zum Beispiel beim Ansprechen des Balles die letzten drei Finger der linken Hand das obere Schaftende fest im Griff haben. Dadurch gewährleisten sie einen gleichbleibend sicheren Griff der ganzen linken Hand. Und wenn die Lebenslinie der rechten Handfläche auf dem linken Daumen liegt, so sollte man auch diesen Druck spüren, genauso wie den des rechten Zeigefingers, wenn er sich um den Schaft legt. Damit versiegeln Sie sozusagen Ihren Griff.

Nun gibt es eine ganz einfache Methode, die konstante Wirkung dieser Druckpunkte im Verlauf des Schwunges zu überprüfen. Sie benötigen dazu nur ein paar lange Grashalme. Legen Sie einige davon zwischen die weichen Ballen im unteren Teil des linken Handtellers und den Schaft und die übrigen auf den linken, am Schaft aufliegenden Daumen, und von dort dann unter die weichen Ballen der rechten Hand. Dann machen Sie ein paar leichte Schläge mit dem Wedge. Halten Sie dabei den festen Kontakt in den Druckpunkten, so daß die Grashalme an ihrem Platz bleiben. Prüfen Sie nach Vollendung des Schwunges, ob die Hände noch in der gleichen Stellung sind wie beim Ansprechen des Balles. Wenn Sie dann allmählich zu einem vollen Schwung übergehen, werden Sie erkennen, wie nützlich diese Druckpunktkontrolle sein kann.

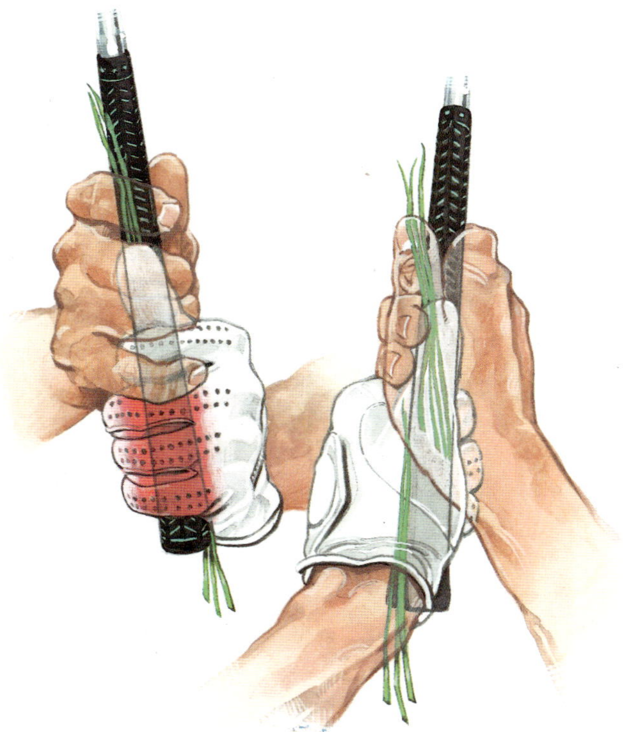

VIERTER FEHLER

Falsche Haltung beim Ansprechen des Balles

Als Lehrer versuche ich immer, Golf als ein sehr einfaches Spiel darzustellen. Ein bißchen Geometrieunterricht läßt sich aber dennoch nicht vermeiden. Das Thema sind die Winkel in der Haltung des Körpers.

Von all den Winkeln, die sich während eines Golfschwunges ergeben, sind die beim Ansprechen des Balles für mich die wichtigsten. Die Statik der Körperhaltung beim Ansprechen des Balles entscheidet nämlich weitgehend den weiteren Bewegungsablauf und die Erhaltung des Gleichgewichtes. Sind die Winkel zu Anfang korrekt, so spricht alles dafür, daß sie es auch im Verlauf des ganzen Schwunges sein werden. Eine gute Körperhaltung ist somit eine wichtige Voraussetzung für gutes Golf. Leider stehen zu viele Amateure total verkrampft am Ball. Sie knicken in der Taille nach vorne ab, – sie sacken im Rücken zusammen – ihre Beine sind entweder steif oder wachsweich. In dem vergeblichen Bemühen, den Kopf nicht hochzureißen, klebt bei vielen das Kinn buchstäblich auf der Brust. Kommt Ihnen einer dieser Fehler bekannt vor, so ist ein sauberer Schwung für Sie ein Ding der Unmöglichkeit. Das ist aber noch kein Grund zur Verzweiflung. Selbst die besten Spieler der Welt laborieren gelegentlich mit ihrer Körperhaltung beim Ansprechen des Balles, und in neun von zehn Fällen ist das auch bei ihnen der Grund für eine katastrophale Runde.

VIERTE KORREKTUR

Finden und stabilisieren Sie die richtigen Winkel

Die nachfolgende Übung sollte zuerst einmal ohne Schläger ausgeführt werden – sich also auf die reine Körperhaltung beschränken. Sie stehen zunächst aufrecht und drehen dann die Füße leicht auswärts (für die meisten Schläger sollte der Abstand zwischen den Fersen nicht weiter sein als Ihre Schulterbreite). Jetzt beugen Sie die Knie leicht nach vorn, bis Sie die Verlagerung des Körpergewichtes im Spann Ihres Fußes fühlen, strecken Ihr Gesäß heraus, ohne den Rücken zu krümmen und halten das Kinn hoch.

Bis dahin schaut das schon ganz gut aus. Jetzt lassen Sie die Arme herunterhängen, so als ob sie einen Schläger halten, wobei die Oberarme leicht an der Brust anliegen. Zum Schluß heben Sie die linke Hüfte und Schulter leicht an, lockern gleichzeitig die rechte Körperseite und lassen die rechte Schulter etwas fallen.

Das wär's. Rückgratwinkel und Schwerpunktlage sind in Ordnung; selbst wenn Sie dabei vielleicht ein komisches Gefühl haben. Kontrollieren Sie diese Körperhaltung regelmäßig vor einem Spiegel und vergleichen Sie sich mit den Pros auf dem Fernsehschirm. Mit etwas Übung werden Sie dem Vorbild bald näherkommen.

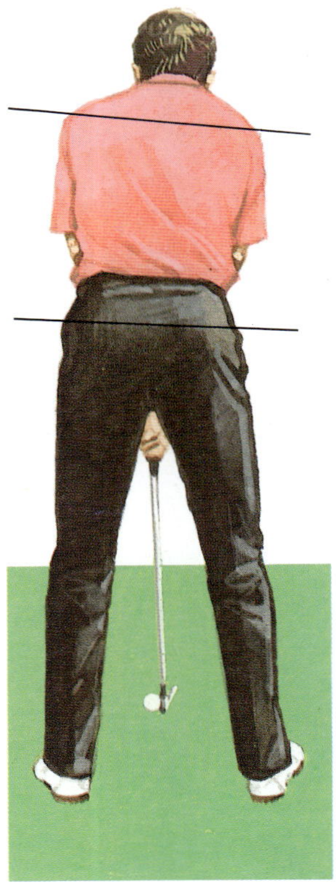

Fünfter Fehler

Falsch ausgerichtete Schlagfläche beim Ansprechen des Balles

Es klingt fast wie eine Binsenweisheit, aber das Schlagen eines Balles auf ein Ziel ist tatsächlich sehr viel leichter, wenn die Schlagfläche von vornherein square zu diesem Ziel ausgerichtet ist. Eigentlich selbstverständlich und kein Problem – oder doch?

Eine der Schwierigkeiten beim Golf besteht ja darin, daß man den Ball von der Seite schlägt. Aus diesem Blickwinkel hat man leicht den falschen Eindruck, die Schlagfläche sei square zum Ziel ausgerichtet, während sie es tatsächlich gar nicht ist. Zeigt die Schlagfläche aber beim Ansprechen in die falsche Richtung, so müssen Sie diesen Fehler im Schwung ausgleichen, und das wird im Zweifel schiefgehen.

Hat der Spieler seine Schlagfläche beim Ansprechen nach rechts vom Ziel ausgerichtet, so wird er in der Regel einen Hook fabrizieren. Und je stärker dieser Hook wird, desto mehr wird der Spieler zum Ausgleich nach rechts zielen. Das gleiche gilt für den Slice. Zum Ausgleich des scharf von links nach rechts abdrehenden Balles wird der Spieler die Schlagfläche immer weiter nach links, also zudrehen. So wird das Problem aber in keinem Fall gelöst.

Fünfte Korrektur

Die Schlagfläche läßt sich ganz einfach square ausrichten

Um die Schlagfläche square auszurichten, sollten Sie mal diese einfache Übung versuchen. Legen Sie zuerst einen Schläger so vor sich auf den Boden, daß er genau zum Ziel zeigt. Nehmen Sie dann Ihre normale Stellung zum Ansprechen des Balles ein und halten Sie dabei einen zweiten Schläger in Hüfthöhe so vor sich, daß seine Unterkante senkrecht nach oben zeigt und die Schlagfläche dadurch square ausgerichtet ist.

Der nächste Schritt muß sehr präzise erfolgen: Ohne den Ausrichtungswinkel der Schlagfläche zu verändern, senken Sie den Schlägerkopf nach unten, so daß seine Unterkante mit dem am Boden liegenden Schlägerschaft genau einen rechten Winkel bildet. (Sollte Sie das Ergebnis erstaunen, so haben Sie Ihre Schlagfläche bisher wahrscheinlich falsch ausgerichtet.)

Wiederholen Sie diese Übung ein paar Mal und gehen Sie dann einen Schritt weiter: Ersetzen Sie den am Boden liegenden Schläger durch einen Ball und versuchen Sie ein paar Schläge. Vertrauen Sie darauf, daß die Schlagfläche square ausgerichtet ist, selbst wenn die Bälle anfangs seitlich abweichen. Sie werden das ganz instinktiv ausgleichen, und in Zukunft können Sie diese Sorge beim Ansprechen des Balles vergessen.

Sechster Fehler

Falsche Ausrichtung des Körpers beim Ansprechen des Balles

„Zielen“ mit dem Golfschläger ist etwas anderes als mit dem Gewehr, bei dem man über Kimme und Korn direkt auf das Ziel blickt. Wenn Sie sich zu einem Golfschlag hinstellen, stehen Sie links vom Ball. Seine Fluglinie und Ihre Blickrichtung zum Ziel bilden daher notwendigerweise einen Winkel. Diese Tatsache aber wird leicht übersehen.

Man kann hier auf zwei Wegen in die Irre gehen. Manche Spieler richten ihre Füße auf das Ziel aus – per se ein Fehler – und versuchen, dies unbewußt dadurch auszugleichen, daß sie der Ausrichtung ihrer Hüften und Schultern wie auch der Schlagfläche weniger Bedeutung schenken. Andere versuchen, Fehler in ihrem Schwungablauf durch eine geänderte Ausrichtung des ganzen Körpers zu kompensieren. Wer zum Beispiel mit aufgedrehter Schlagfläche von außen nach innen durch den Ball hindurchschwingt, wird in der Regel einen Slice produzieren. Nachdem er dann ein paar Bälle nach rechts in den Wald geschlagen hat, versucht er das dadurch zu kompensieren, daß er sich mehr nach links dreht, um so seinen Slice zumindest auf dem Fairway zu halten. Ein Fehler zum Ausgleich eines Fehlers, so könnte man es bezeichnen.

Es erhebt sich also die alte Frage, was zuerst kommt, das Ei oder die Henne. Verursacht die schlechte Ausrichtung einen schlechten Schwung oder umgekehrt? Wie auch immer es aber sein mag, Sie müssen Ihren Schwung auf der Basis fester Grundregeln völlig neu aufbauen, und eine von ihnen beinhaltet die korrekte Ausrichtung des Körpers beim Ansprechen des Balles.

Sechste Korrektur

Denken Sie daran, sich parallel auszurichten!

Das Prinzip des Square-Ausrichtens kann man sich am leichtesten vor Augen führen, wenn man sich vorstellt, an einem Schienenstrang entlang zu schlagen. Auf der rechten Schiene richten Sie Ihre Schlagfläche zum Ziel hinaus und parallel dazu Ihre Füße entlang der linken Schiene. Jeder Teil Ihres Körpers – Augen, Schultern, Hüften und Knie – sollten dann parallel zu der Linie Ihrer Fußspitzen ausgerichtet sein. Auf diese Linie beziehen sich alle anderen.

Sie können sich zur Übung entlang einer Mauer ausrichten oder zu Hause an der Linie eines Teppichs, bis es Ihnen in Fleisch und Blut übergegangen ist. Auf dem Übungsplatz kann ein Schläger dann als Ersatz für die linke Schiene dienen, um Ihre Fußspitzen square zum Ziel auszurichten.

Sie können die Square-Ausrichtung auch dadurch sicherstellen, daß Sie beim Blick auf das Ziel den Kopf so drehen, daß Ihre Augen gewissermaßen „unter" der Flugbahn des Balles zum Ziel schauen. Heben Sie dabei nämlich Ihren Kopf, so ist die Ausrichtung Ihres Oberkörpers äußerst gefährdet.

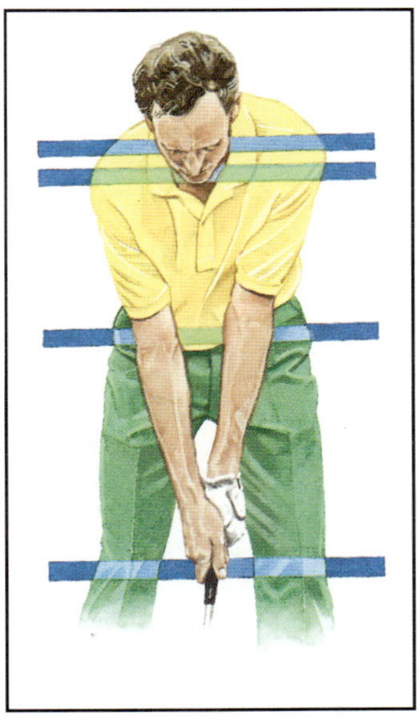

Siebter Fehler

Falsche Ausrichtung für den besseren Spieler

Bessere Spieler werden unabhängig von ihrer Schlagtechnik instinktiv einen Weg finden, ihren Ball zum Ziel zu schlagen. Aber das hat immer seinen Preis. Je mehr Sie ein Abweichen von der Grundregel kompensieren müssen, desto stärker wird der Druck auf Ihren Schwungablauf. Der gute Spieler kann zwar mit seinen Fehlern leben; mit einem im Grunde fehlerhaften Schwung wird er aber nie zu seiner wahren Spielstärke finden.

Schlechte Schläge guter Spieler gehen im allgemeinen eher nach links. Als Ausgleich wird er sich instinktiv geschlossener an den Ball stellen und seinen Körper nach rechts vom Ziel ausrichten. In dieser schiefen Stellung sackt die rechte Schulter sehr leicht herunter, wodurch die Blickrichtung des Spielers sich noch weiter nach rechts verschiebt, und der Kopf viel zu weit hinter den Ball kommt.

Um aus dieser Stellung heraus den Ball aufs Fairway zu bringen, muß man entweder einen Pull schlagen oder durch den bewußten Einsatz der Hände die Schlagfläche vor dem Treffmoment wieder square ausrichten. Das mag dem Könner gelingen, aber beide Ausgleichsversuche erfordern ein perfektes Timing, und darauf ist niemals hunderprozentig Verlaß.

Siebte Korrektur

Schaffen Sie Raum für einen freien, ungehinderten Schwungablauf

Wenn Sie mehr oder weniger permanent einen Hook schlagen, dann möchte ich, daß Sie sich mehr nach links ausrichten und nicht nach rechts. Ich möchte, daß Sie sich daran gewöhnen, eher offen am Ball zu stehen, um dadurch den notwendigen Raum für einen freien Durchschwung und eine ungehinderte Körperdrehung zu schaffen.

Stellen Sie sich also mit einem offen ausgerichteten Oberkörper an den Ball und halten Sie den Schläger dabei nur mit der rechten Hand. Legen Sie dann die linke Hand ebenfalls an den Schaft, ohne die Ausrichtung des Oberkörpers zu verändern. Sie werden dabei wahrscheinlich das Gefühl haben, daß Ihr Körper nach einer Seite hängt, so als ob Sie hangabwärts und weit nach links schlagen. Keine Panik! Ihre Sorge kommt nur daher, daß Sie jetzt im Vergleich zu früher völlig anders am Ball stehen. In Wirklichkeit sind Ihre Schultern nämlich eher auf gleicher Höhe und der rechte Unterarm etwas höher als vorher. Ihre Knie, die Hüften und Augen sind nun der parallelen Ausrichtung der Schlagfläche angepaßt; mit anderen Worten – Ihr Körper ist „parallel-links" zur Linie Ball-Ziel ausgerichtet. Sie haben lediglich das Gefühl, die Haltung sei offen.

Bei den ersten Übungsschlägen aus dieser Position heraus werden Sie wahrscheinlich das Gefühl haben, den Ball noch mehr nach links zu schlagen als bisher. Aber geben Sie nicht auf! Halten Sie den Einsatz der Hände im Schwung eher zurück, und Sie werden den Ball sehr bald rein instinktiv gerade zum Ziel schlagen, ohne weiter an Ihrem Schwung zu manipulieren.

Achter Fehler

Falsche Lage des Balles

Das ist Ihnen sicher auch schon passiert: Sie spielen schlecht, und Ihr Partner macht Sie darauf aufmerksam, daß Sie zu weit vor oder hinter dem Ball stehen. Das mag stimmen, aber Sie sollten diesen Rat doch nicht so ohne weiteres akzeptieren. Vielleicht stehen Sie nämlich gerade so am Ball, um einen hartnäckigen Schwungfehler zu kompensieren; dann würde eine reine Veränderung der Ballposition auch nicht helfen. Die für Ihren Partner optimale Ballposition muß für Sie noch lange nicht die richtige sein. Die Menschen sind schließlich alle verschieden. Ganz allgemein läßt sich nur feststellen, daß der gute Spieler nicht zu weit vor dem Ball und der schwächere nicht zu weit hinter ihm stehen sollte.

Nehmen wir zuerst einmal einen an sich guten Spieler, der seinen Schläger übertrieben von innen nach außen durch den Ball hindurchschwingt und dessen Schwungebene daher sehr flach sein wird. Da er es satt hat, häufig einen Hook zu schlagen, seine Bälle zu pushen oder eher dünn zu treffen, wird er sich instinktiv etwas mehr vor den Ball stellen, um trotz der fehlerhaften Schwungebene noch einigermaßen an den Ball zu kommen und ihn sauber zu treffen.

Ähnliches wird der Handicap-Golfer versuchen, der in steiler Schwungebene von außen nach innen durch den Ball hindurchschwingt. Er wird häufig einen Slice schlagen und sich lieber etwas mehr hinter den Ball stellen, um seinen fundamentalen Schwungfehler wenigstens bis zu einem gewissen Grad auszugleichen. Daraus könnte man schließen, daß die Position des Balles sozusagen die Art und Weise widerspiegelt, in der der Spieler seinen Schläger zur Zeit gerade schwingt, und daß es durchaus möglich ist, auch unter Zuhilfenahme solcher Kompensationen gute Schläge zu vollbringen. Ein wirklich dauerhafter Erfolg wird aber nur bei Beachtung der wichtigen Grundregeln für den Schwung möglich sein.

ACHTE KORREKTUR

Gedanken zur optimalen Position des Balles

Eine Warnung vorneweg: Die im vorigen Abschnitt erwähnten Kompensationen müssen stets „paarweise" erfolgen! Der notorische Slicer, der sich zum Ausgleich mehr vor den Ball stellt, muß gleichzeitig bestrebt sein, seinen Schlägerkopf mehr von innen nach außen durch den Ball hindurchzuschwingen. Nur bei konsequentem Zusammenwirken beider Maßnahmen kann der Slice vollständig verschwinden.

Gleiches gilt für den Spieler, der gegen einen Hook kämpft. Wenn er sich mehr hinter den Ball stellt, so hilft das nur, wenn es ihm gleichzeitig gelingt, seine Schwungbahn so zu verändern, daß er den Schlägerkopf gerade, das heißt auf der Linie zum Ziel durch den Ball hindurchschwingt.

In beiden Fällen werden die Qualität Ihres Schlages und die Flugbahn des Balles zunächst eher unbeständig sein. Lassen Sie sich dadurch aber nicht entmutigen.

Dazu eine allgemeine Richtlinie: Ein Spieler mit niedrigem Handicap, der seine untere Körperhälfte im Schlag stark einsetzt, sollte den Ball bei Schlägen mit den Hölzern vom linken Absatz spielen und bei den Eisen etwa eine Ballbreite weiter nach hinten. Der hohe Handicapper sollte seine Eisen aus der Mitte des Standes zwischen den Füßen spielen und bei den Hölzern den Ball etwas mehr nach vorn legen. Aus einer solchen Position des Balles können Sie leicht von oben herunter ein hartes Eisen schlagen, beim Holz den Ball aber in einer eher peitschenden, schon wieder leicht aufwärts verlaufenden Bewegung treffen.

Neunter Fehler

Ihr Stand ist zu weit

Im Laufe der Zeit konnte ich immer wieder beobachten, daß Handicap-Golfer aus unerfindlichen Gründen in der großen Mehrzahl viel zu weit stehen und nur selten die Füße zu nahe beieinander haben. Wahrscheinlich verbinden diese Spieler mit dem weiten Stand die Vorstellung größerer Standfestigkeit und höherer Schlagkraft. Beides ist falsch.

In Wirklichkeit ist so, daß der übertrieben weite Stand den freien Bewegungsablauf und die Gewichtsverlagerung im Schwung erheblich behindert, in der unteren Körperhälfte zu Verspannungen führt und der Spieler den Oberkörper daraufhin zu sehr in den Schlag wirft. Füße, Beine, Arme und der ganze Körper können also nicht harmonisch zusammenarbeiten, und Sie werden im Endeffekt eher nach dem Ball schlagen, als mit einem fließenden Schwungablauf durch ihn hindurchzuschwingen.

Neunte Korrektur

Enger Fußstand erhöht Standfestigkeit und Beweglichkeit

Nach einer allgemeinen Faustregel sollte der Stand weit genug sein, um das Gleichgewicht sicherzustellen, aber auch eng genug, um eine ungehinderte Gewichtsverlagerung und Körperdrehung zu gewährleisten.

Natürlich hängt die Weite des Standes von dem jeweils benutzten Schläger ab. Für die Mehrzahl der längeren Schläge – also etwa zwischen Eisen 5 und Driver – würde ich Ihnen raten, die Fersen nicht über die Schulterbreite auseinanderzusetzen. Bei den kürzeren Schlägern wird sich die Standbreite mit abnehmender Schaftlänge verringern.

Haben Sie die Weite Ihres Standes erst einmal auf ein vernünftiges Maß reduziert, so werden sich Ihre Fußarbeit und der Einsatz der unteren Körperhälfte wesentlich verbessern, wie auch Rhythmus und Ablauf des ganzen Schwunges.

Zehnter Fehler

Verkrampfung beim Ansprechen des Balles

Jedem Golfer ist das irgendwann schon einmal passiert: Sie stehen am Ball, versuchen, sich zu konzentrieren, und dann kommen die Zweifel und Fragen: „Hab' ich eigentlich den richtigen Schläger? Ziele ich überhaupt richtig? Wie weit muß ich den Wind berücksichtigen? Was habe ich denn beim letzten Schlag wieder falsch gemacht?" Das nennt man „Paralyse durch Analyse".

Der springende Punkt ist folgender: Wenn Ihre Stimmung und Konzentration am Boden sind, dann reagiert Ihr Körper verspannt. Das betrifft beim Ansprechen des Balles besonders Arme, Schultern und Nacken. Machen Sie mal folgenden Test: Greifen Sie den Schläger wie gewöhnlich und halten Sie ihn dann waagerecht vor Ihren Körper. Fühlen Sie das Gewicht des Schlägerkopfes in Ihren Fingern, so ist alles in Ordnung. Tun Sie es nicht, so sind Sie verspannt, und diese Spannung wird sich mit Sicherheit bis zu Ihren Schultern ausbreiten.

Zehnte Korrektur

Locker und entspannt für einen freien Schwung

Verspannung ist tödlich! Sie nimmt Ihnen jede Hoffnung auf einen freien, fließenden Schwung. Deshalb ist es so wichtig, völlig entspannt am Ball zu stehen.

Aber Vorsicht: Sich entspannen soll nicht etwa heißen, daß Sie den Schläger nur noch ganz lose greifen. Schließlich kann man doch auch mit ganz entspanntem Arm jemandem kräftig die Hand schütteln. So sollte es auch mit dem Golfschläger sein. Greifen Sie Ihre Schläger wie beim Händeschütteln, aber halten Sie die Arme dabei entspannt.

Wir wollen das mal versuchen: Stellen Sie sich zu einem Schlag hin, – aber ohne Schläger. Lassen Sie die Arme locker vor dem Körper herunterhängen, schwingen Sie sie und schlagen Sie dabei die Handflächen gegeneinander. Wiederholen Sie das so lange, bis jede noch so kleine Verspannung in Armen und Schultern verschwunden ist. Schwingen Sie nun langsam mit einem Schläger und achten Sie darauf, ob Arme und Schultern nach wie vor locker und unverkrampft sind und ob Sie das Gewicht des Schlägerkopfes in Ihren Armen fühlen.

Wenn das funktioniert, können Schwünge und Schläge mit voller Geschwindigkeit und Kraft erfolgen. Um einer erneuten Verkrampfung der Schultern vorzubeugen, sollten Sie das Kinn dabei möglichst hoch halten. Denken Sie immer daran: Je entspannter Ihr Körper ist, desto rhythmischer wird Ihr Schwung sein, und desto schneller werden Sie den Schlägerkopf durch den Ball hindurchschwingen.

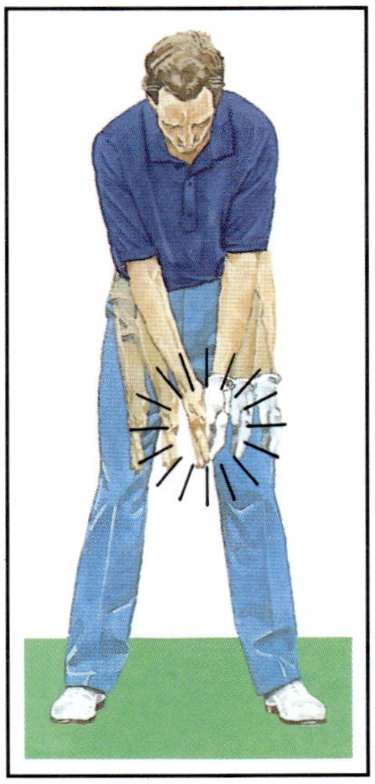

ELFTER FEHLER

Mangelhafte Vorstellung vom Schwung

Bei guten Spielern sieht der Schwungablauf ganz leicht aus. Leider trifft dies auf die Mehrzahl der Handicap-Golfer nicht zu. Ihr Problem besteht häufig darin, daß sie sich immer nur mit den einzelnen Phasen ihres Schwunges beschäftigen, ohne überhaupt eine klare Vorstellung davon zu haben, wie der ganze Schwung ausschauen sollte. Nun sind die einzelnen Bewegungen im Gesamtablauf des Schwunges und die Beschäftigung mit ihnen keineswegs unwichtig. Mitnichten! Aber eine zu starke Konzentration auf die einzelnen Phasen erschwert es, die vielen einzelnen Teile in einem fließenden Bewegungsablauf zusammenzufassen und so zu sehen. Je einfacher und klarer das Gesamtbild aber ist, desto besser ist es für den Spieler.

Zahllose Golfer verbinden das Schlagen eines Balles im Aufschwung mit der Vorstellung „schwing die Arme, und der Körper folgt von selbst" und im Ab- und Durchschwung mit „verlagere das Gewicht, und der Schläger folgt von selbst" oder „rolle die Hände auf und wieder zu, alles andere kommt von selbst". Sollten Sie auch zur großen Schar dieser Unglücklichen gehören, so ist es höchste Zeit für die gedankliche Klarstellung, um ein richtiges Bild des gesamten Schwungablaufes zu bekommen.

Elfte Korrektur

Drehung im Faß – Schwung entlang der Felge

Die Komponenten des Schwunges gliedern sich in zwei Gruppen: zum einen der Körper, gehalten von Beinen und Füßen, zum andern die Einheit aus Armen, Händen und dem Schläger. Und hier ist nun das Konzept, das Sie sich zu eigen machen sollten. Während die erste Komponente, der Rumpf, sich auf einer eher horizontalen Ebene dreht, schwingt die zweite Komponente, Arme und Schläger, in einer vergleichsweise vertikalen Ebene. (Stellen Sie sich den Körper als den Motor vor, als den Mittelpunkt des Schwunges, um den sich die Arme und der Schläger in einer kreisförmigen Bahn bewegen.)

Wenn der Vergleich auch etwas hinkt, so kann man sich das Ganze doch so vorstellen, daß der Körper sich in einem aufrecht stehenden Faß dreht, während der Schläger entlang einer schräg stehenden Felge auf- und abgeschwungen wird. Während der Körper sich also nach rechts dreht, bewegt sich der Schlägerkopf der Felge folgend bis zum Gipfel des Rückschwunges. Dann dreht sich der Körper zurück nach links, und der Schlägerkopf folgt der Felge zuerst abwärts und dann wieder aufwärts bis zum Ende des Durchschwunges.

Der Schlägerkopf beschreibt natürlich nicht einen perfekten Kreis, weil er à conto der Dynamik des Schwungablaufes die Schwungebene mehrfach wechselt. Auch die Körperdrehung bildet keinen geometrisch korrekten Kreis, da die Gewichtsverlagerungen ein seitliches Abweichen nach rechts und links bedingen. Das Konzept von Faß und Felge kann Ihnen aber trtozdem zu einem besseren Verständnis des Golfschwunges verhelfen und dazu beitragen, daß die einzelnen Komponenten Ihres Schwunges harmonischer zusammenwirken.

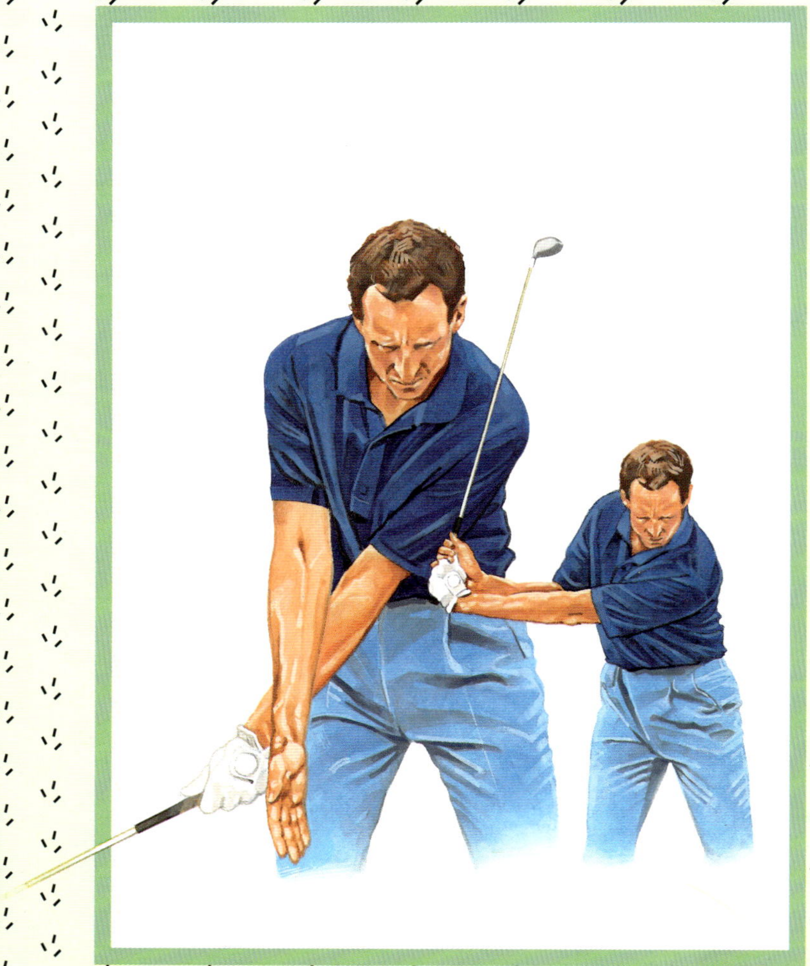

2. KAPITEL
Der Aufschwung

Das korrekte Aufdrehen im Rückschwung bedingt die synchrone Bewegung von Schläger, Händen, Armen und Körper, um die Energie zu schaffen und zu speichern, die dann im Abschwung zur Wirkung kommt. Das aber ist auf die Dauer nur aus einer exakten Ansprechposition heraus möglich.

Zwölfter Fehler

„Hochheben“ des Schlägers

Ich war schon immer überzeugt davon, daß die Vorstellung, den Golfball zu „schlagen“ aus verschiedenen Gründen sehr gefährlich ist. Wann immer sich ein Spieler mehr darauf konzentriert, den Ball zu „schlagen“ als darauf, den Schlägerkopf zu schwingen, läßt das Unheil nicht lange auf sich warten.

Dieses Unheil resultiert zum Teil aus der Tatsache, daß die Hände beim Beginn des Rückschwunges zu stark „ins Spiel“ kommen. Sie schwingen den Schläger dann nicht in weitem Bogen zurück, sondern heben ihn ruckartig vom Boden ab. Von einem solchen Spieler heißt es dann: „Sein Schwungproblem liegt darin, daß er seinen Schläger hochhebt!“ Durch ein solches Hochheben wird der Schwungbogen ganz eng, und im Abschwung wird der Schlägerkopf dann steil von oben in den Ball „reingehackt“, also mit Sicherheit kein erfreuliches Ergebnis.

ZWÖLFTE KORREKTUR

Starten Sie richtig – mit Hilfe eines zweiten Balles

Die ersten zehn bis zwanzig Zentimeter des Rückschwunges sind besonders kritisch, entscheiden sie doch über Gestaltung und Rhythmus des gesamten Schwunges. Ich möchte Ihnen das wie folgt erläutern: Stellen Sie sich vor, daß Ihre Arme und Schultern beim Ansprechen des Balles ein umgekehrtes gleichschenkliges Dreieck bilden. Um einen weichen, zügig ablaufenden Schwungbogen zu gewährleisten, stellen Sie sich nun darauf ein, dieses Dreieck aus Ihrem Oberkörper heraus zu drehen. Dabei sollen die großen Schulter- und Oberkörpermuskeln die Bewegung der Arme und des Schlägers präzise steuern, und das aus Armen und Schultern gebildete Dreieck soll so lange erhalten bleiben, bis Ihre Hände gegenüber dem rechten Bein angekommen sind. Der Einsatz dieser großen Muskeln ist viel leichter zu lenken, als es bei den kleineren in Unterarmen und Händen möglich wäre. Gelingt Ihnen dieser Muskeleinsatz, so wird Ihr Schlägerkopf auf einer flachen Bahn starten, und der ganze Rückschwung verläuft harmonisch.

Zur Kontrolle des Schwungbeginnes können Sie einen zweiten Ball etwa dreißig Zentimeter hinter den Spielball legen, und zwar etwas innerhalb der Linie Ball–Ziel. Wenn Ihr „Dreieck“ (Arme und Schultern) nun den Schlägerkopf korrekt zurückschwingt, so sollten Sie dabei den zweiten Ball wegfegen. Gelingt das, so ist es der Beweis, daß der Schlägerkopf flach und auf der richtigen Bahn zurückgeschwungen wird.

Dreizehnter Fehler

Der Schlägerkopf geht zu schnell nach innen

Ein korrekter Schwungbeginn ist die beste Voraussetzung für einen guten Schlag. Ist der Schwung aber schon im Ansatz falsch, so sind die Chancen für das Gelingen des Schlages gering.

Schlechte Starts gibt es in zahlreichen Variationen; eine der häufigsten besteht darin, den Schläger zu schnell nach innen, das heißt hinter sich zu schwingen. Schuld daran sind oft die falschen Klischees: „Drehen Sie sich vom Ball weg" und „Schwingen Sie von innen nach außen". Im ersten Fall führt es dazu, daß Sie den Körper gleich zu Beginn des Rückschwunges zu schnell und zu stark nach innen drehen; und im zweiten Fall übertreiben Sie ganz einfach beim Rückschwung das „nach innen".

Was auch immer der Anlaß sein mag, eine übertriebene Bewegung nach innen wird entweder einen sehr flachen Schwung zur Folge haben oder noch häufiger dazu führen, daß Sie die Arme steil hochheben, um den Schläger überhaupt bis zu einem akzeptablen Punkt hochschwingen zu können. Damit schalten Sie nicht nur eine vernünftige Körperdrehung aus, Sie werden sogar oft genug das Gegenteil des gewünschten Effektes erzielen, nämlich den Schläger letztendlich dann in einer Schleife von außen nach innen in den Ball hineinschwingen.

Dreizehnte Korrektur

Schaftende nach innen – Schlägerkopf nach außen

✓ Lassen Sie mich Ihnen noch einmal den ganzen Ablauf des Schwungbeginns vor Augen führen. Während der ersten dreißig bis sechzig Zentimeter soll der Schlägerkopf allmählich nach innen (innerhalb der Linie Ball–Ziel) geschwungen werden. Er muß aber gleichzeitig außerhalb der Schwungbahn Ihrer Hände bleiben. Nur so kann der Schlägerkopf auf seine korrekte Schwungbahn kommen, und nur dann können Arme und Körper bis zum höchsten Punkt des Rückschwunges als eine Einheit wirken. Der Schlüssel zum Gelingen dieses Ablaufes liegt darin, daß der Rückschwung mit dem Kopfende des Schaftes und nicht mit dem Schlägerkopf eingeleitet wird. Schwingen Sie nämlich das Schaftende zu Ihrer rechten Hüfte hin, so wird der Schlägerkopf außerhalb der Schwungbahn Ihrer Hände bleiben und startet somit auf der für ihn optimalen Bahn. Wer gewohnheitsmäßig von außen nach innen schwingt, für den wird es durch dieses anfänglich eher gerade Zurückführen des Schlägerkopfes dann sehr viel leichter, den Schlägerkopf im Abschwung dann abzusenken und damit auf der korrekten Bahn von innen nach außen in den Ball hineinzuschwingen.

Vierzehnter Fehler

Zudrehen der Schlagfläche

Ich will noch einmal wiederholen: Je weniger Kompensationen Sie in Ihren Schwung einbauen müssen, um den Ball gerade zum Ziel zu schlagen, desto leichter machen Sie es sich. Als Lehrer bemühe ich mich, meinen Schülern den Schwung als einen eher einfachen Vorgang darzustellen und grundsätzliche Fehler soweit irgend möglich auszumerzen, damit sie sich eben nicht mit Kompensationen belasten müssen.

Nehmen wir als Beispiel den Spieler, der dazu neigt, seine Schlagfläche schon zu Beginn des Rückschwunges zuzudrehen. Er dreht sie also im Gegenuhrzeigersinn. Ich will nun nicht behaupten, daß man nicht auch mit geschlossener (zugedrehter) Schlagfläche einen guten Schlag zustandebringen kann. Das geht schon; aber es ist zweifellos schwieriger. Um die Schlagfläche im Treffmoment dann doch square an den Ball zu bringen, muß man sie im Abschwung rechtzeitig wieder aufdrehen, und das wird ihm nur nach endlosem Üben gelingen. Aber muß man sich das Leben wirklich so schwer machen?

Wenn Ihre Schläge unsicher werden und Sie den Verdacht haben, die Schlagfläche frühzeitig zu schließen, dann machen Sie doch mal diesen einfachen Test: Sprechen Sie den Ball an und schwingen Sie den Schläger zurück, bis Ihre Hände etwa in Höhe der rechten Hüfte sind. Jetzt drehen Sie den Körper ganz nach rechts und schauen auf das Schlägerblatt. Hat es noch die gleiche Position wie beim Ansprechen des Balles, dann steht es square. Ist die Spitze des Schlägerblattes aber vor dem Hals, dann ist es bereits geschlossen.

Vierzehnte Korrektur

Schlagfläche und Körper gleichzeitig aufdrehen

Überprüfen Sie erst einmal Ihren Griff, so wie wir es im ersten und zweiten Fehler besprochen haben. Das Zudrehen der Schlagfläche könnte sich nämlich aus einem fehlerhaften Griff erklären.

Als nächstes rate ich Ihnen zu einem einfachen Gedankenspiel: Sprechen Sie den Ball an und stellen Sie sich die Schlagfläche dabei als ein Gitter vor, das sich im Gleichklang mit der Drehbewegung des Körpers langsam öffnet. Achten Sie nun besonders auf Ihren linken Arm. In der ersten Phase des Rückschwunges wird er sich langsam im Uhrzeigersinn drehen, und die Schlagfläche wird sich im gleichen Maße öffnen. Dabei bleibt sie im Verhältnis zu Ihrem Körper square ausgerichtet.

Noch eine zweite Übung kann Ihnen helfen, die Schlagfläche in einer neutralen Position zurückzuschwingen. Stecken Sie ein Tee auf den Rücken Ihres Handschuhs so in die kleine Lücke zwischen Leder und Klettverschluß, daß es gerade den Schaft herunterzeigt. Das hilft Ihnen, die Rotation von linkem Arm und linker Hand leichter zu beobachten. Wenn Sie nun den Schläger langsam vom Ball bis in Hüfthöhe zurückschwingen, dann sollten das Tee horizontal geradeaus und die Spitze des Schlägerblattes vertikal nach oben zeigen.

Üben Sie das zuerst ohne Ball und machen Sie dann richtige Schläge. Die Bälle werden wahrscheinlich zunächst nach rechts abdrehen. Aber das macht nichts. Es wird Ihnen sehr bald gelingen, die Schlagfläche in der korrekten Position zu halten und zunehmend gerade Bälle zu schlagen.

FÜNFZEHNTER FEHLER

Flacher unbalancierter Aufschwung

Wenn ein Amateur seinen Schlag als „flach“ bezeichnet, dann meint er damit im allgemeinen die Schwungebene des linken Armes am Ende des Rückschwunges. Darin kann man sich aber täuschen. Mit der Schwungebene ist das nämlich so, daß sie sich während eines Bewegungsablaufes total verändern kann, das heißt, auf dem halben Weg kann sie durchaus flach sein, während sie zum Ende des Rückschwunges dann plötzlich steil wird. Umgekehrt läßt sich also aus dem Bild des Rückschwunges nicht unbedingt der anfängliche Fehler erkennen. Zur Diagnose eines Fehlers im Rückschwung schaue ich ihn mir daher immer nur bis zur halben Höhe an.

Und wenn auf der Mittelstation Ihres Rückschwunges das Griffende des Schlägers auf die Linie Ball–Ziel (oder weiter nach außen) ausgerichtet ist, dann ist der Rückschwung zu flach und nicht ausbalanciert. (Und wenn Sie den Schläger so flach hinter sich schwingen, werden Sie das ganze Gewicht des Schlägerkopfes spüren, – weil er aus dem Gleichgewicht ist.)

Dieser Fehler ist häufig auf die falsche Auslegung solcher Postulate zurückzuführen, wie „Schwingen Sie den Schläger nach innen“ oder „Halten Sie den rechten Ellbogen an der rechten Hüfte“. Es kann auch daran liegen, daß die Schlagfläche in der Anfangsphase des Rückschwunges zu weit heraus- und aufgedreht wird. Jede dieser falschen Vorstellungen, oder eine Kombination von mehreren, kann Sie auf der halben Höhe des Rückschwunges in eine sehr mißliche und unsichere Lage bringen.

Fünfzehnte Korrektur

Schwungebene auf halber Höhe prüfen!

Ist Ihr Rückschwung auf halber Höhe angekommen, so sollten Sie den Schläger wohlausbalanciert im Griff haben, damit er die Drehung Ihres Körpers harmonisch mitvollziehen kann. In diesem Moment sollten Ihr linker Arm nahe am Körper, der rechte Ellbogen nur leicht herausgedreht und die Handgelenke voll abgewinkelt sein. Das sollten Sie üben!

Nehmen Sie ein mittleres Eisen und fassen Sie es am unteren Ende des Griffes. Schwingen Sie den Schläger bis zur halben Höhe zurück, drehen Sie die Handgelenke auf und halten Sie den linken Arm leicht an der Brust. Achten Sie darauf, daß der linke Ellbogen dabei zum Boden zeigt. Das erleichtert die Aufwärtsbewegung des Schlägers und verhindert eine übermäßige Rotation des linken Armes. Das Griffende des Schlägers sollte dabei auf einen Punkt etwa halbwegs zwischen Ihren Füßen und dem Ball zeigen.

Fühlen Sie nun, wieviel leichter der Schläger an diesem Punkt jetzt in Ihrer Hand liegt? Er ist jetzt eben richtig „positioniert“ – und ausbalanciert. Hatten Sie bei Ihrem Rückschwung längere Zeit ernsthafte Gleichgewichtsprobleme, dann wird Ihnen diese korrekte Haltung fast zu aufrecht vorkommen. Aber glauben Sie mir, sie ist so völlig in Ordnung! Und von hier aus ist der Rest des Rückschwunges dann kein Problem. Drehen Sie sich einfach weiter auf, und Sie werden Ihren Schläger auf der korrekten Bahn bis zum höchsten Punkt schwingen.

SECHZEHNTER FEHLER

Körperdrehung zu früh beendet

Wenn dies Ihre Achillesferse ist – und vielen guten Golfern geht es so –, dann können Sie dieses Problem nur dadurch beseitigen, daß Sie sich Ihren gesamten Schwungablauf in Zeitlupe auf dem Videoschirm anschauen. Dabei werden Sie erkennen, wie verschiedene Teile Ihres Körpers – die Hüften, die Schultern oder beide – ihre Drehung schon längst beendet haben, bevor die Arme ihren höchsten Punkt im Rückschwung erreicht haben. (Auf der Abbildung unten sieht man die voll aufgedrehten Hüften und Schultern und die erst auf halber Höhe befindlichen Arme.) Die Videoaufnahme zeigt dann, daß die Arme bis zu einem gewissen Grad unabhängig von der Körperdrehung zum höchsten Punkt hochschwingen, und das beweist die Disharmonie des ganzen Bewegungsablaufes.

Das so entscheidend wichtige feste Zusammenwirken von Armen und Körper wird durch dieses frühe „Drehsyndrom" sowohl im Auf- als auch im Abschwung empfindlich gestört. Der mittlere Teil Ihres Körpers dreht sich zu rasch, so daß die Hände und Arme hinterherjagen müssen, um aufzuholen, weil Sie nur dann den Ball sauber treffen können.

Sechzehnte Korrektur

Koordinierung aller Drehbewegungen

Wenn es auch in Wirklichkeit nicht ganz so funktioniert, sollten Sie sich doch vorstellen, daß Ihre Arme und der Körper die Drehbewegung im Rückschwung gleichzeitig beenden. Um das zu erreichen, muß Ihre rechte Körperseite in der ersten Phase des Rückschwunges die Drehbewegung genau kontrollieren – sie muß einen gewissen Widerstand leisten, um die Drehung von Knien, Hüften und Schultern zu verlangsamen.

Dieser Widerstand wirkt sich aber nicht nur gegen eine zu frühe Körperdrehung aus, er erleichtert auch den Armen und dem Schläger eine mit Ihrem Rumpf synchron ablaufende Drehung. (Der Rumpf ist aber, wie wir wissen, die Kraftquelle für den gesamten Schwung.) Überprüfen Sie das alles immer wieder auf dem Videoschirm, bis der Körper bei der Hälfte des Rückschwunges sichtbar weniger aufgedreht ist. Und nun können die großen Rumpfmuskeln die Drehung des Körpers synchron mit der Bewegung der Arme bis zum Ende des Rückschwunges vollenden.

Dazu bietet sich eine leichte Übung an: Lösen Sie zu Beginn des Aufschwunges die rechte Hand vom Schläger und lassen Sie sie locker vor dem Körper herunterhängen. Schwingen Sie nun den Schläger ein Stück zurück, wobei der linke Arm unter dem rechten hindurchgeht. Fühlen Sie den Widerstand? Ist das der Fall, so legen Sie die rechte Hand wieder an den Schläger und vollenden Ihren Rückschwung.

Auf diese Weise sollte sich in Armen und Körper ein ganz neues Gefühl einstellen. Alles arbeitet nun optimal zusammen; und dadurch werden sich Ihr Auf- und Abschwung ganz entscheidend verbessern. Hände, Arme und Körper kommen gemeinsam zum Einsatz, und keiner muß den anderen irgendwann und irgendwie „einholen“!

3. KAPITEL

Ende des Aufschwunges

Ein kraftvolles Aufdrehen des Körpers ist das sichere Zeichen eines guten Schwunges. Durch das Zusammenwirken von Drehung und Gewichtsverlagerung erzeugt der athletische Körper das für den Schlag notwendige Drehmoment. Und darum müssen Sie sich bemühen.

Siebzehnter Fehler

Entgegengesetzt abknickende Hüfte

Bei einem guten Schwung passen sich der kraftvoll aufgedrehte Oberkörper und die ihn stützende Aktion der Beine mühelos einander an. Die Harmonie dieses gesamten Bewegungsablaufes hängt zum größten Teil vom Einsatz der Hüften ab. Ein fehlerhafter Einsatz kann den Spieler dazu zwingen, den Oberkörper stark nach rechts zu neigen, um das Gewicht zu dieser Seite verlagern zu können. Dann aber werden sich bei der weiteren Drehung des Körpers bis zur Vollendung des Rückschwunges die linke Hüfte und die linke Hälfte des Hinterteils bedenklich zum Ziel hin verlagern.

Das ist der klassische Fall einer „entgegengesetzt abknickenden Hüfte“. Damit aber ist der Körpereinsatz des Spielers notwendigerweise begrenzt. Zum Ausgleich des fehlenden Einsatzes der Hüfte weicht der Oberkörper weit nach rechts aus und ist in dieser Haltung viel zu weit hinter den unteren Körperpartien, erkennbar an der dabei entstehenden seitlichen Verschiebung der linken Hüfte. Dadurch wird der Abschwung unnötig erschwert.

Siebzehnte Korrektur

Verlagerung nach rechts

Im Idealfall sollte sich der Oberkörper am Ende des Rückschwunges über der unteren Körperhälfte aufgedreht haben. Das ergibt eine kraftvolle Spirale mit dynamischer Spannung. Und das läßt sich wie folgt erreichen: Aus der Ansprechposition heraus werden Sie sich vor Einsatz der Hüftdrehung ein ganz klein wenig nach rechts verlagern. Das ist der Trick! Sie müssen es einfach lernen, die Hüften vor dem Beginn der Körperdrehung eine Kleinigkeit nach rechts zu schieben.

Eine Eselsbrücke kann dabei sehr hilfreich sein: Stecken Sie einen Schirm genau außerhalb Ihres rechten Fußes in den Boden und kippen Sie ihn ein wenig zu Ihrem rechten Bein hin. Wenn Sie jetzt Ihren Schwung beginnen, verschieben Sie Ihren Körper – und damit Ihr Gewicht – so weit nach rechts, bis Sie mit der rechten Hüfte gegen den Schirm stoßen. Drehen Sie sich nun weiter voll auf. Am höchsten Punkt des Rückschwunges werden Sie feststellen, daß Ihr Körper sich wieder von dem Schirm gelöst hat. Bei korrekter Haltung sollten Sie jetzt das Gefühl haben, daß Ihr Gewicht eher zentral auf beiden Beinen liegt, obere und untere Körperhälfte sozusagen in einer Linie.

Eine einfache Übung wird Ihnen das richtige Maß und Gefühl vermitteln. Halten Sie Ihre linke Hüfte mit der rechten Hand und ziehen Sie sie nach rechts herüber. Dann werden Sie die Bewegung in den Hüften ganz deutlich spüren.

Achtzehnter Fehler

Unvollendete Körperdrehung

Das kraftvolle Aufdrehen des Körpers ist ein essentieller Bestandteil jedes guten Schwunges. Durch die volle Drehung und Gewichtsverlagerung werden Drehmoment und Spannung aufgebaut, aus denen heraus der Ball voll getroffen werden kann. Und dieses Ergebnis streben wir doch alle an!

Leider sind nicht alle Golfer ohne weiteres in der Lage, sich so weit aufzudrehen. Und wer die Warnung vor einem Hin- und Herschwanken im Rückschwung besonders ernst nimmt, wird sich unbewußt scheuen, den Körper voll aufzudrehen. Je weiter Sie sich vom Ziel wegdrehen, desto mehr fürchten Sie, den Ball nicht mehr sauber treffen zu können. Aber das ist ein Irrtum! Ein guter Schwung erfordert den Einsatz des ganzen Körpers. Spielen Hüften und Schultern dabei nicht richtig mit, so fällt den Armen die gesamte Verantwortung dafür zu, den Schläger bis zum höchsten Punkt des Rückschwunges zu bewegen. Und was ist das Ergebnis? Eine äußerst schwache, nur von den Armen bestimmte Haltung!

ACHTZEHNTE KORREKTUR

Volle Körperdrehung – gutes Gefühl

Dieses Gefühl kann Ihnen folgende Übung vermitteln: Stellen Sie sich in Ansprechposition vor einen Spiegel, stemmen Sie die Hände in die Hüften und drehen Sie sich so weit nach rechts, daß Sie eine direkt hinter Ihnen stehende Person sehen können. Fühlen Sie dabei die Drehung Ihrer Wirbelsäule und die Spannung, die durch diese einfache Bewegung erzeugt wird?

Schauen Sie nun in den Spiegel. Ihr Rücken zeigt zum Ziel, Ihre Schultern haben sich mindestens um neunzig Grad und die Hüften etwa halb so weit gedreht. Merken Sie sich auch, daß Ihr linkes Knie dabei nach innen zeigt und daß Ihr Gewicht primär auf der rechten Seite liegt, und zwar besonders auf der Innenseite des rechten Fußes. Das ist kritisch und wichtig zugleich. Das Gewicht darf sich niemals auf die Außenseite des rechtes Fußes verlagern. Das müssen Sie häufig üben; aber Sie werden dadurch eine sehr viel kraftvollere Drehbewegung zustandebringen. (Wenn sich Ihr linker Absatz dabei etwas vom Boden abhebt, so ist das ganz in Ordnung.) Sobald Sie das Gefühl haben, daß dieser Bewegungsablauf richtig funktioniert, sollten Sie die ersten Schläge versuchen. Ihre Schlagkraft wird sich aus dieser neuen Drehbewegung heraus überraschend verbessern.

Neunzehnter Fehler

Das rechte Knie tanzt aus der Reihe

Unabhängig von seiner Spielstärke dringe ich bei jedem Schüler darauf, daß er sich beim Rückschwung gegen das rechte Knie aufdreht. Das rechte Knie ist der Anker und Widerstand gegen das kraftvolle Aufdrehen des Körpers. Ein Versteifen oder Nachgeben des rechten Beines reduziert den Widerstand. Das Ergebnis sind eine schlechte Körperdrehung und miserable Schläge.

Zwei Fehler passieren dabei am häufigsten: erstens eine Blockierung des rechten Knies und ein Vorschnellen des linken Knies in Richtung auf den Ball, zweitens ein Einknicken des rechten Knies, wodurch sich das Körpergewicht auf die Außenseite des rechten Fußes verlagert und der ganze Körper nach rechts schwankt. Die daraus resultierende Haltung am Ende des Rückschwunges stellt ein sauberes Treffen des Balles jedenfalls sehr in Frage.

Neunzehnte Korrektur

Rechtes Knie lockern und dagegen aufdrehen

Konzentrieren Sie sich auf die Haltung des rechten Knies. Und während Sie dann den Schläger zurückschwingen, versuchen Sie, das Knie bis zum Endes des Rückschwunges so locker und entspannt zu lassen, wie es beim Ansprechen des Balles war. (Vielleicht hilft es, wenn Sie sich vorstellen, sich sozusagen auf dieses rechte Knie zu „setzen".)

Fühlen Sie jetzt eine gewisse Spannung in der rechten Hüfte? Gut so! Solch ein Spannungsgefühl im rechten Knie und in der rechten Hüfte ist ein positives Indiz dafür, daß Ihr Knie nicht nach außen wegbricht, wie es bei schwachen Spielern allzu häufig geschieht. (Vergewissern Sie sich in einem rechts von Ihnen stehenden Spiegel, daß das linke Knie nicht zum Ball hin vorgeschnellt ist und daß, von rechts gesehen, am Ende des Rückschwunges zwischen Ihren Beinen keine Lücke zu sehen ist.) Zum Üben können Sie beim Ansprechen des Balles den rechten Fuß etwas einwärts drehen und so ein paar Schwünge ausführen. Sie spüren dann den Widerstand im rechten Knie besonders deutlich, weil dieses Knie der Anker für den ganzen Schwung ist. Auf diese Weise schaffen Sie sich im Rückschwung ein beachtliches Kraftpotential, das Sie dann im Abschwung voll und ganz einsetzen können.

Zwanzigster Fehler

Entgegengesetzte Drehung – schlechte Gewichtsverlagerung

Die Gewichtsverlagerung ist ein fundamentales Element bei jeder Schwungbewegung. Und im Golf gilt dies ganz besonders zum Aufbau der Schlagkraft.

Aus einer ausgeglichenen Verteilung beim Ansprechen des Balles muß das Gewicht im Rückschwung zunächst auf das rechte und im Ab- und Durchschwung auf das linke Bein verlagert werden, ein mit der Körperdrehung synchron ablaufender Prozess, zuerst vom Ziel weg und dann zu ihm hin.

Bei einem Spieler, der den Fehler der „entgegengesetzten Drehung" begeht, geschieht jedoch genau das Gegenteil. Nur auf den Gedanken konzentriert, den Kopf unten und den linken Arm völlig gerade zu halten, wird der Spieler im Rückschwung sein Gewicht beharrlich auf der linken Seite halten. Als Reaktion darauf wird das Gewicht im Durchschwung dann auf die rechte Seite zurückfallen. Eine Katastrophe! Die Drehbewegung des Körpers ist dadurch so behindert, daß die Hauptlast des Schlages fast ganz bei den Armen und Händen liegt. Und das Ergebnis? Ein schwacher, völlig unpräziser Schlag.

Zwanzigste Korrektur

Freier Kopf – ungehinderte Drehung

Die meisten Spieler stimmen darin überein, daß sich der Kopf zumindest ein wenig bewegen muß, wenn man den Körper wirklich kraftvoll aufdrehen will. Wenn Sie also zu Beginn des Rückschwunges den Kopf leicht nach rechts drehen, so begünstigen Sie damit die Drehbewegung der Wirbelsäule und die Verlagerung des Gewichts in der richtigen Richtung. Bei einem korrekten Rückschwung wird Ihre linke Schulter sich dann mühelos unter Ihrem Kinn nach rechts drehen, so daß Ihre Brust dann fast genau über dem rechten Knie steht. Solange Ihr linker Arm unverkrampft und locker bleibt, werden Sie den Schläger dann leicht bis zum höchsten Punkt zurückschwingen. Proben Sie das mal vor dem Spiegel! Es schaut gar nicht so merkwürdig aus, wie Sie vielleicht dachten. Zuerst mögen Sie das Gefühl haben, zu schwanken und sich vom Ball weg zu bewegen. Aber keine Angst! Solange Ihr Gewicht auf der Innenseite des rechten Fußes bleibt, ist alles in bester Ordnung. Versuchen Sie dann am Ende des Rückschwunges, den linken Fuß für den Bruchteil einer Sekunde vom Boden zu heben. Wenn das ohne Schwierigkeit gelingt, ist Ihre Gewichtsverteilung perfekt. Gelingt das jedoch nicht, so machen Sie nach wie vor den Fehler, sich entgegengesetzt aufzudrehen.

Dazu empfehle ich Ihnen eine meiner Lieblingsübungen. Stellen Sie sich zum Ansprechen an den Ball und legen Sie dann einen Schläger quer über Ihre Schultern. Konzentrieren Sie sich nun beim Aufdrehen besonders auf Kopf und Wirbelsäule und die Erhaltung des Gleichgewichtes. Wiederholen Sie das so oft wie möglich.

Einundzwanzigster Fehler

Überschwingen – der gebeugte linke Arm

Wenn Sie nicht geradezu unglaublich gelenkig sind, sollten Sie den Schläger im Rückschwung niemals über die horizontale Lage hinaus schwingen. Mehr bringt nichts.

Das Überschwingen geschieht leicht aus dem Bestreben heraus, den Ball besonders hart zu schlagen. Leider gerät der Schwung dabei aber fast immer außer Kontrolle. Die zwei häufigsten Fehler sind: erstens – Lockerung des Griffes Ihrer Hände am Ende des Rückschwunges (wie wir es im dritten Fehler besprochen haben) und zweitens – noch verbreiteter – Zusammenfallen des natürlichen Schwungbogens, weil der rechte Arm im Rückschwung falsch agiert. Prima vista könnte man annehmen, daß ein am Ende des Rückschwunges stark abgewinkelter linker Arm zum Überschwingen führt. Das ist ein Irrtum! Die verkehrte Haltung des linken Armes ist lediglich eine Folgeerscheinung des aus der Bahn geratenen rechten Armes. Der rechte Arm bestimmt nämlich die Weite des Schwungbogens, und wenn der Winkel zwischen Ober- und Unterarm weniger als 90 Grad beträgt, dann führt das zu einem Überschwingen.

Das Überschwingen wird häufig von einem ungenügenden Aufdrehen des Körpers begleitet, und dann kann der Schlag eigentlich nur noch danebengehen. In dem Bemühen, den Rückschwung auf ein korrektes Maß zu verkürzen, muß zuerst der Schwungbogen wieder die richtige Weite bekommen.

Einundzwanzigste Korrektur

Besseres Strecken der Arme

Um den Schläger optimal zurückzuschwingen, muß der rechte Ellbogen am Ende des Rückschwunges im Abknicken einen rechten Winkel oder ein L bilden. Dazu gibt es eine kleine Eselsbrücke: Stellen Sie sich vor, Sie stehen in einem Türrahmen und schwingen Ihre Hände in die rechte obere Ecke. Der linke Arm ist dabei gerade (weder steif noch gebogen), und der rechte Ellbogen bildet einen Winkel von 90 Grad. Bei korrektem Abwinkeln der Handgelenke wird der Schlägerschaft dann parallel zum oberen Türrahmen sein. Das sollten Sie unter Zuhilfenahme eines Spiegels häufiger üben.

Eine weitere Möglichkeit ist die Übung mit dem auseinandergezogenen Griff. Ziehen Sie Ihre Hände am Griff etwa zehn Zentimeter auseinander, schwingen Sie den Schläger dann zurück und schieben Sie den rechten Arm dabei soweit hinaus, daß er im Ellbogen einen Winkel von 90 Grad bildet. (Beim typischen Überschwingen löst sich der linke Arm zu früh vom Körper. Achten Sie also bei Ihrem Rückschwung darauf, daß Sie einen leichten Druck des linken Armes auf Ihrer Brust spüren.)

Sobald Sie zu einem kürzeren und korrekt aufgedrehten Rückschwung zurückgefunden habe, greifen Sie den Schläger wieder normal und schlagen Sie ein paar Bälle. Sie werden den Unterschied merken und bald wieder in der Lage sein, eine volle Körperdrehung mit einem kompakten Schwung der Arme zu verbinden. Und wenn die Bälle dann lang und gerade sind, wird es Ihnen wieder richtig Spaß machen.

Zweiundzwanzigster Fehler

Falsche Schwungbahn – zu steil oder zu flach

Der Schlüssel zu wirklich gutem Golf ist sicherlich nicht zuletzt die korrekte Schwungbahn des Schlägers, so wie sie Ihrem Körper optimal angepaßt ist. Als Faustregel mag dabei gelten, daß der körperlich große Golfer eher steiler, der kleinere dagegen flacher schwingt.

Der Begriff der Schwungebene oder Schwungbahn verursacht so manchem Spieler Kopfzerbrechen. Durch die Konzentration auf zwei Dinge kann man sich die Sache jedoch erheblich vereinfachen. Erstens die Ebene Ihrer Schulterdrehung, so wie sie durch die Bewegung Ihrer Wirbelsäule beim Ansprechen des Balles bestimmt wird, und zweitens die Stellung des linken Armes im Rückschwung in der Relation zu der Ihres Körpers.

Schon Ihre Ausgangsposition hat einen direkten Einfluß auf die Qualität Ihrer Schulterdrehung sowie Art und Ablauf des Schwunges der Arme. Knicken Sie in der Taille zu weit nach vorn über, so wird das übermäßige Abbeugen der Wirbelsäule die Schultern ebenfalls nach vorn kippen lassen. Der linke Arm wird dann abrupt von Ihrer Brust weg nach oben gehen, und der ganze Rückschwung wird viel zu steil. Analog dazu wird auch der Abschwung in einer zu steilen Bahn verlaufen.

Im Gegensatz dazu kann eine übertrieben aufrechte Ausgangsposition dazu führen, daß die Schultern sich in einer zu flachen Ebene drehen, wobei der linke Arme dann eher niedrig und zu nahe an der Brust gehalten wird. Aus dieser flachen Schwungbahn heraus wird der Schlägerkopf ebenfalls zu flach und zu sehr von innen an den Ball kommen. Sie werden sehr leicht hinter dem Ball in den Boden schlagen, ihn toppen oder zu dünn treffen.

Zweiundzwanzigste Korrektur

Hauen Sie in die richtige Kerbe!

Der Winkel, in dem sich Ihre Wirbelsäule aus der Taille heraus nach vorn abbeugt, ist von grundsätzlicher Bedeutung für die Gestaltung Ihres gesamten Schwunges, und er bestimmt die Achse für die 90-Grad-Drehung der Schultern im Rückschwung. Prüfen Sie also erst Ihre Ausgangsposition, bevor Sie sich intensiv mit Ihrem Schwung beschäftigen.

Schulterdrehung und Armschwung stehen in einer bestimmten Relation zueinander. Bei einem korrekten Rückschwung sollte die Schwungbahn des linken Armes im Idealfall jedoch etwas höher liegen als die der Schultern. Warum wohl? Weil die Arme dann freier und völlig ungehindert auf den Ball hinunterschwingen können. Versuchen Sie mal folgendes: Schwingen Sie hoch und halten Sie im höchsten Punkt einen Augenblick an. Lockern Sie dann Ihren Griff und lassen Sie den Schläger herunterkippen. Fällt er dabei auf die Spitze Ihrer rechten Schulter, ist Ihre Schwungbahn okay. Trifft er dagegen auf Ihren Kopf oder Nacken, so stehen Sie zu aufrecht. Fällt er jedoch hinter Sie, ohne Ihren Körper überhaupt zu treffen, so ist Ihr Schwung garantiert viel zu flach.

Die folgende Übung müßte eigentlich Ihren Schwungablauf verbessern: Greifen Sie einen Schläger nur mit der linken Hand, packen Sie dann das linke Handgelenk mit der rechten Hand und schwingen Sie den Schläger so zurück. Der linke Oberarm sollte dann bei der Schulterdrehung den Kontakt mit der Brust nicht verlieren, und Sie sollten bewußt realisieren, daß sich der Schläger im höchsten Punkt über Ihrer rechten Schulter befindet. So ist seine Schwungbahn korrekt. Im Spiegelbild läßt sich das leicht kontrollieren.

4. KAPITEL

Abschwung, Treffmoment und Finish

Charakteristisch für alle guten Spieler ist der weich und abgestimmt einsetzende Bewegungsablauf von Schläger und Körper zu Beginn des Abschwunges. Nach dem Anstoß durch die untere Körperhälfte dreht sich der Körper als ganzes in einer harmonisch ablaufenden Bewegung zurück, so daß der Schlägerkopf mühelos durch den Treffbereich hindurch beschleunigt werden kann.

Dreiundzwanzigster Fehler

„Zuschlagen" – von oben herunter

Damit bezeichnet man einen Abschwung, dessen Bahn heftige Änderungen aufweist. Spieler mit höherem Handicap leiden besonders darunter; aber auch die Könner sind davon keineswegs ausgenommen.

Der Bewegungsübergang im höchsten Punkt vom Aufschwung zum Abschwung bestimmt den Rhythmus und den Weg des Schlägers zurück an den Ball. Erfolgt dieser Übergang zu hastig oder aggressiv, weil man den Ball besonders hart schlagen will, so gibt es Probleme. Wenn Sie Ihren Oberkörper zu abrupt in den Schlag werfen, dann kann der Schläger nur zu steil an den Ball kommen, weit außerhalb der idealen Schwungbahn. (Man spricht dann von „swinging over the top".) Wie auch immer Sie es aber nennen mögen, das Ergebnis ist ein ruckartiger, verkrampft wirkender Schwung, mit zu starkem Einsatz von Kopf und rechter Schulter, wodurch Kraft und Präzision des Schwunges zum Teufel gehen.

Dreiundzwanzigste Korrektur

Schwingen Sie und hauen Sie nicht nach dem Ball

Alle guten Spieler erkennt man an der harmonischen, wohl abgestimmten Bewegung von Schläger und Körper zu Beginn des Abschwunges. Das geschieht ohne Hast und ohne die Absicht, den Ball von oben herunter mit allen Macht zu „erschlagen". Die untere Körperhälfte leitet die Abwärtsbewegung ein, und der ganze Körper kann sich dann in einem harmonischen Bewegungsablauf in den Schlag zurückdrehen. So – und nur so – können Arme, Hände und Schläger in einer mühelos erscheinenden Art und Weise schwingen und dem Schlägerkopf genau im Treffmoment seine höchste Beschleunigung geben.

Den fließenden Übergang zwischen Aufschwung und Abschwung soll die folgende Übung demonstrieren: Nehmen Sie ein Eisen 6, stellen Sie die Füße dicht zusammen und schlagen Sie so ein paar Bälle. Schwingen Sie leicht nach oben und drehen Sie dann zur Einleitung des Abschwunges die untere Körperhälfte in den Schlag zurück. Der Übergang muß so weich wie nur möglich sein, ohne die leiseste Verkrampfung in Händen und Armen. Lassen Sie den Schläger sozusagen herunterfallen, von der Schwerkraft gezogen, und geben Sie ihm erst kurz vor dem Treffmoment „die Zügel frei". (Wird der Kopf zu Beginn des Abschwunges still gehalten, so bleibt auch der Oberkörper ruhig, und der Schlägerkopf schwingt in einer wirkungsvolleren Bahn von innen an den Ball.) So empfinden Sie, was es heißt, „durch den Ball hindurch zu schwingen", im Gegensatz zu „von oben in ihn hinein zu hauen". Stellen Sie sich dann wieder normal an den Ball. Der Schwung wird Ihnen mühelos erscheinen, und der Ball wird richtig fliegen!

VIERUNDZWANZIGSTER FEHLER

Das „Over-the-top-Gefühl" – Schläger hinter dem Körper blockiert

Diesen Fehler findet man bei guten Spielern, und er zeigt sich wie folgt: Sobald sie einen Ball nach links schlagen, glauben sie „over the top" geschwungen zu haben und neigen nun zu einer Überreaktion. Sie versuchen bewußt, den Schläger mehr von innen nach außen in den Ball hineinzuschwingen und glauben, den Hook dadurch ausschalten zu können.

Leider ist das ein Irrtum. Bei diesem übertriebenen Schwung von innen nach außen wird der Schwungbogen im Abschwung so stark eingeengt, daß der rechte Arm hinter dem Körper blockiert wird und nicht mehr richtig zum Einsatz kommen kann.

Aus einer derart verkrampften Haltung heraus können zwei Dinge passieren: Entweder wird der Ball stark nach rechts herausgedrückt oder, wenn dem rechten Arm im letzten Moment noch die Streckung gelingt, wird die zu stark einsetzende rechte Hand die Schlagfläche im Treffmoment zudrehen und den Ball nach links hinausschieben. Das aber ergibt das Gefühl, man habe „over the top" geschwungen.

Ein untrügliches Indiz? Ihre Divots zeigen nach rechts vom Ziel. Darin liegt die Täuschung. Bei einem wirklichen Over-the-top-Schwung zeigen die Divots nach links, woraus zu ersehen ist, daß Gefühle auch irreführend sein können.

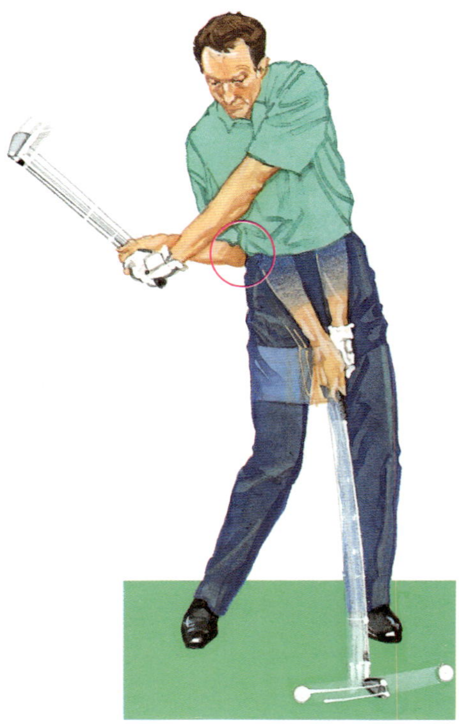

Vierundzwanzigste Korrektur

Erweitern Sie Ihren Abschwungbogen

Hier kommt es darauf an, den rechten Arm so früh wie möglich nach dem Einsetzen des Abschwunges zu strecken und frei schwingen zu lassen. Sie mögen dabei das Gefühl haben, den Schläger zu „werfen"; aber solange Ihr rechtes Handgelenk korrekt abgewinkelt ist, gibt es keinen Grund zur Sorge. Ihr Körper wird sich allmählich zum Ziel hin aufdrehen, Ihr Abschwungbogen wird dadurch weit, und der Schlägerkopf erreicht den Ball auf der korrekten Schwungbahn.

Eine zweiteilige Übung kann Ihnen dabei helfen: Fassen Sie ein kurzes Eisen nur mit der rechten Hand und versuchen Sie, ein paar Bälle von einem Tee zu schlagen. Unmittelbar nach dem Einsetzen des Abschwunges sollen Sie fühlen, wie sich Ihr rechter Arm streckt. Das mag zu Anfang schwierig erscheinen. Wiederholen Sie es aber, bis es sitzt. Sie werden bald feststellen, wie viel freier und räumlich weiter Ihr rechter Arm auf die Linie zum Ziel herunterschwingen kann. Nehmen Sie nun einen Wedge oder ein Eisen 9, fassen Sie es normal und versuchen Sie, das gleiche Schwunggefühl zu erzeugen wie beim ersten Schritt. Achten Sie darauf, den Ball sauber zu treffen, so daß die Divots square zum Ziel – oder sogar ein bißchen nach links – zeigen. Nach diesen Übungen werden Sie erst richtig erkennen, wie wichtig der korrekte Einsatz des rechten Armes im Abschwung ist. Ihre Hände werden nicht mehr zu stark agieren, und Sie werden dafür die Schlagfläche square durch den Ball hindurchschwingen.

Fünfundzwanzigster Fehler

Mangelhafte Gewichtsverlagerung

Es versteht sich ja wohl von selbst, daß eine korrekte Gewichtsverlagerung die Voraussetzung für einen sauberen, kraftvollen Schwung darstellt. Bei der Beobachtung erstklassiger Spieler werden Sie unschwer erkennen, wie sie ihr Gewicht ganz instinktiv im Auf- und Abschwung verlagern. Sie wissen, wie wichtig der konsequente Aufbau der Schwungkraft ist; und die Bewegungen ihrer Füße, Knie und Hüften sind so ausgewogen, daß die Gewichtsverlagerungen völlig mühelos vonstatten gehen.

Beim Amateur schaut das Ganze im allgemeinen leider nicht so gut aus. So sieht man immer wieder fehlerhafte Bewegungen der unteren Körperhälfte, bei denen häufig der rechte Fuß im Treffmoment platt am Boden steht, das Gewicht des Spielers auf der rechten Seite hängen bleibt und die Beine sich kaum rühren. Diese Steifheit von der Taille abwärts verhindert natürlich eine korrekte Gewichtsverlagerung, reduziert die Geschwindigkeit des Schlägerkopfes ganz beträchtlich und bewirkt einen schwachen, schaufelnden Einsatz der Hände beim Treffen des Balles.

FÜNFUNDZWANZIGSTE KORREKTUR

Zusammenschlagen der Knie – bessere Beinarbeit

Eine Diskussion über die Verbesserung der Beinarbeit ist für mich immer sehr aufregend, weil ich genau weiß, wieviel das Spiel eines Golfers dadurch gewinnen kann. Haben Sie also seit geraumer Zeit den Einsatz Ihrer unteren Körperhälften im Schwung eher vernachlässigt, so wird Sie folgendes ziemlich überraschen. Also passen Sie auf: Sprechen Sie zuerst ein Eisen 7 ganz normal an, heben Sie dabei aber die rechte Ferse vom Boden ab. Dann schwingen Sie den Schläger zurück, wobei die rechte Ferse nach wie vor angehoben ist, und achten Sie darauf, daß Ihr Gewicht am Ende des Rückschwunges zum größten Teil auf der rechten Seite liegt. (Sie können das in den Zehen spüren.) Im Ab- und Durchschwung soll sich das rechte Knie dann so stark zum linken hin verschieben, daß die in Ihrer Vorstellung an beiden Knien befestigten Becken laut aufeinanderschlagen. Merken Sie den Unterschied? Während Ihr rechtes Knie im Abschwung nach innen ausweicht, machen die Hüften den Weg frei, und Ihr linkes Bein streckt sich, um die Gewichtsverlagerung aufzufangen. Das Ergebnis ist eine höhere Schlägerkopfgeschwindigkeit. Die in der Luft schwebende rechte Ferse hat Ihre Füße, Knie und Hüften sozusagen „aufgeweckt". Jetzt nehmen sie aktiv an dem gesamten Bewegungsablauf teil. Und aufgrund des nunmehr besseren Einsatzes der unter Körperpartien kann sich Ihr Gewicht mühelos nach links verlagern – ein im ganzen kraftvoller Schwungablauf.

Sechsundzwanzigster Fehler

Zu frühe Freigabe und „Werfen" des Schlägerkopfes

Wenn Sie sich die mit einer Hochgeschwindigkeitskamera gemachten Serienaufnahmen des Schwungablaufes guter Spieler anschauen, dann wird Ihnen eine Position besonders ins Auge fallen. Es ist immer wieder verblüffend zu sehen, wie gute Spieler es fertigbringen, das Strecken der Handgelenke bis kurz vor dem eigentlichen Treffbereich zurückzuhalten. Es ist das vielzitierte „späte Treffen". Erfahrene Golfer können den Schlägerkopf im Abschwung erstaunlich lange zurückhalten. Das Kraftpotential wird dadurch bis zum letztmöglichen Moment verstärkt, bis der Schlägerkopf dann durch den Ball hindurchgepeitscht wird. Schwächere Spieler strecken dagegen ihre Handgelenke im Abschwung zu früh und werfen den Schlägerkopf dadurch viel zu früh in den Schlag. Sie leiden unter dem „frühen Treffen". Sie opfern dadurch all die im Rückschwung aufgebaute Schlagkraft, die in ihrem Abschwung verpufft. Der Schlägerkopf wird dadurch im Treffmoment nicht schneller, sondern langsamer.

Die Symptome dieser zu frühen Freigabe lassen sich wie folgt erkennen. Vor dem Treffen des Balles: Fehlen des Winkels am Rücken des rechten Handgelenkes, Schläger und linker Arm bilden buchstäblich eine gerade Linie; im Treffmoment: eine Schaufelhaltung. Die Hände sind entweder auf gleicher Höhe mit dem Ball oder etwas hinter ihm; nach dem Treffen des Balles: Die rechte Hand dreht sich über die linke, und das linke Handgelenk knickt zusammen.

Sechsundzwanzigste Korrektur

Freigabe zurückhalten – größere Schlägerkopfgeschwindigkeit

Eines vorweg, ehe wir uns mit Ihrem Abschwung beschäftigen. Diese kraftvolle Haltung beim späten Treffen läßt sich nicht so einfach einnehmen wie zum Beispiel die Ansprechposition. Sie ist ja sozusagen nur eine Momentaufnahme aus dem Ablauf eines korrekten Schwunges und kann also nur in seinem Rahmen gefunden werden.

Um das „späte Treffen" richtig zu erfassen, schlage ich Ihnen folgende Übung vor: Nehmen Sie einen Schläger und legen Sie die linke Hand unter der rechten an den Schaft (ein Überkreuz-Griff). Dabei sollten mindestens drei Knöchel der rechten Hand zu sehen sein. Beachten Sie dann beim Rückschwung, wie sich Ihr rechtes Handgelenk abwinkelt, und versuchen Sie, es auch im Abschwung möglichst lange so zu halten, bis Sie den Schlägerkopf dann kurz vor dem Treffbereich freigeben. (Bei korrekter Ausführung sollten Sie dabei das Gefühl haben, den Abschwung solange mit dem Griffende des Schaftes auszuführen, bis Sie den Schlägerkopf freigeben und durch den Ball hindurchpeitschen.) Ich möchte Ihnen das Erleben des Treffmoments aber noch an einem anderen Beispiel zeigen. Nehmen Sie Ihr Eisen 5 und sprechen Sie damit eine Mauerecke oder ein anderes unbewegliches Objekt an. Machen Sie nun einen Zeitlupenschwung und stoßen Sie dabei den Schlägerkopf leicht gegen die Mauer. Merken Sie dabei, wie Ihre Hände leicht vor dem Schlägerkopf sind, das linke Handgelenk flach zum Ziel zeigt und im Rücken Ihres rechten Handgelenkes ein Winkel entsteht. Verharren Sie in dieser angespannten Position ein paar Sekunden und wiederholen Sie dann die Übung.

Siebenundzwanzigster Fehler

Beine und Körper zu stark im Schlag – umgekehrtes C

Diesen Fehler sehe ich vor allem bei besseren Spielern, die zu sehr an das abgedroschene Sprichwort glauben: „Werfen Sie die Beine in den Schlag, um ihm die höchste Kraft zu geben". Bis zu einem gewissen Grad ist diese Annahme völlig richtig; aber nur bei einem behutsamen und kontrollierten Einsatz. Schließlich sollen sie auch Rhythmus und Gleichgewicht im Schwung sicherstellen. Sie sind das Widerlager, gegen das sich der Körper wirkungsvoll aufdrehen und von dem er sich wieder zurückdrehen kann. Und aus diesem Vorgang erhält der Schwung seine Kraft.

Bei korrektem Einsatz erleichtern die Beine die krafterzeugende Drehbewegung des Körpers, aus der heraus die Arme dann den Schlägerkopf in den Ball hinein beschleunigen können.

Schwierig wird das nur, wenn die Beine sich im Abschwung zu schnell zum Ziel hin verlagern. Der Oberkörper bleibt dann zu weit hinter dem Ball, und das verursacht eine starke Verspannung in den Lendenwirbeln. Dieses Zurückhängen des Oberkörpers bedingt einen verstärkten Einsatz der Hände und Arme, um die Schlagfläche noch rechtzeitig vor dem Treffmoment square auszurichten. Das kann, es kann aber auch nicht gelingen! In jedem Fall aber bildet Ihr ganzer Körper am Schluß das klassische umgekehrte C – und davon profitiert bestenfalls Ihr Chiropraktiker.

SIEBENUNDZWANZIGSTE KORREKTUR

Vom Vorteil einer festen linken Seite

Um den Ball permanent fest schlagen zu können, muß dem Schlag im Treffmoment die „feste linke Seite" entgegenstehen. Anders ausgedrückt kann Ihre Haltung im Treffmoment nur dann den gewünschten Erfolg zeitigen, wenn die linke Seite so fest verankert ist, daß sie beim Zurückdrehen des Körpers in den Schlag diesem zwar den nötigen Widerstand entgegensetzt, um ein Ausbrechen zu verhindern, gleichzeitig aber auch dem Einsatz des Schlägerkopfes den notwendigen Halt gibt. Eine schwache, nachgebende linke Seite durch ein abknickendes oder in den Schlag fallendes linkes Bein leistet naturgemäß keinen Widerstand, weil man dann ja gegen nichts schlagen kann.

Obwohl Sie es anfangs als hinderlich empfinden werden, sollten Sie beim Üben Ihren linken Fuß leicht nach innen drehen. Damit schalten Sie ein seitliches Weggleiten der linken Seite im Treffmoment aus und unterstützen gleichzeitig die Drehung des Oberkörpers gegen den Widerstand des feststehenden linken Beines. Die in der Drehung des Rückschwunges aufgebaute Spannung kann im Abschwung sehr viel effektiver zur Wirkung kommen, was sich an der Qualität Ihrer Schläge bald erkennen läßt. Sie werden außerdem sehen, wieviel aufrechter Ihre Körperhaltung am Ende des Durchschwunges ist, und wie fest Ihr linker Fuß am Boden bleibt und nicht nach außen umkippt. Zu einer letzten Kontrolle stecken Sie beim Ansprechen einen Schirm außerhalb Ihres linken Fußes in den Boden. Machen Sie nun einen vollen Schwung, ohne den Schirm dabei umzustoßen. Ihr Körper ist nun nicht mehr nach links weggeglitten.

ACHTUNDZWANZIGSTER FEHLER

Dominierende linke Seite – schwacher Körpereinsatz

Jahrelang wurde den Golfern eingehämmert: „Ziehen Sie den Schwung mit der linken Seite, bringen Sie die rechte Seite nicht in den Schlag!" Dieser Ratschlag führt jedoch leicht in die Irre, denn genau so wie man Golf mit zwei Händen spielt, ist der Golfschwung ein Bewegungsablauf, an dem beide Seiten des Körpers beteiligt sind. Und nur wer das beachtet, wird im Endeffekt Erfolg haben.

Wer aber seinen Schläger vom Ende des Rückschwunges permanent nur mit der linken Seite in den Schlag zieht, schafft sich einen Haufen unnötiger Probleme. Man merkt es besonders daran, daß der linke Arm sich zu sehr vom Körper löst, die linke Schulter zu sehr hebt und die rechte zu sehr abfällt. Der Oberkörper kommt dann gewissermaßen geschlossen an den Ball, und die rechte Seite ist in dieser Phase vollständig blockiert. Dadurch aber kommt der Schläger zu sehr von innen an den Ball, und das bedingt wiederum einen übermäßigen Einsatz der Hände, um die Schlagfläche überhaupt noch gerade an den Ball zu bringen. Geht der schlecht getroffene Ball dann nach links, wird alles noch schlimmer. Sie sagen sich dann nämlich: „O je, das war ja wieder viel zu viel rechte Hand; kann ich denn nicht endlich mit der linken Seite ziehen!?" Das ist aber leider falsch, wie immer Sie es auch sehen mögen.

Achtundzwanzigste Korrektur

Links leitet den Abschwung ein, rechts schlägt zu

Beide Seiten haben entscheidend Anteil am Zustandekommen des Schwunges – allerdings in verschiedenen Phasen. So wird der Abschwung zweifelsohne von der linken Seite eingeleitet; auf dem halben Weg übernimmt dann aber die rechte Seite die Führung. In der lezten Phase des Abschwunges können Sie dann aus einer korrekten Haltung heraus unter vollem Einsatz der rechten Seite den Schlägerkopf mit aller Kraft durch den Ball hindurchschwingen. Das Ganze ist lediglich eine Frage des richtigen Timings.

Ein harmonisches Zusammenwirken beider Seiten läßt sich wie folgt demonstrieren: Sprechen Sie den Ball so an, daß er genau zwischen den Füßen liegt, ziehen Sie den rechten Fuß dann so weit zurück, bis die Spitze des rechten Schuhs und der Absatz des linken auf gleicher Höhe sind. Hüften und Schultern bleiben dabei aber square zur Linie zum Ziel. Vom Beginn des Abschwunges an sollten Sie dann fühlen, wie die linke Seite und der linke Arm durch ihren Zug gemeinsam den Abschwung einleiten, während der rechte Fuß, das rechte Knie und die rechte Hüfte für den Bruchteil einer Sekunde an ihrem Platz verharren. Ist der Schläger dann in Hüfthöhe, übernimmt die rechte Seite einschließlich des rechten Armes und der rechten Hand die Führung, die sie durch den Treffbereich hindurch beibehält. Die rechte Seite – Schulter, Arm, Hand – peitscht den Schlägerkopf durch den Ball hindurch, wie beim Vorhandschlag im Tennis. Bei korrekter Ausführung bleiben die Hände und der linke Arm in dieser Phase näher am Körper, die Brust öffnet sich zum Ziel, und der Schläger schwingt nach innen zurück.

Neunundzwanzigster Fehler

Fehlendes Strecken nach Treffen des Balles

Es fasziniert mich immer wieder, wie viele Golfer die schönsten Übungsschwünge produzieren und den Schlägerkopf mit aller Wucht durch den imaginären Treffbereich hindurchjagen – diese Schlägerkopfbeschleunigung beim richtigen Schlag dann aber nicht mehr zustandebringen. Sind das unbewußte Hemmungen? Es scheint, daß sie eher nach dem Ball hauen wollen, anstatt frei durch ihn hindurchzuschwingen.

Die Abbildung zeigt eine unter Amateuren leider recht verbreitete Schwunghaltung – vor allem bei notorischen Slicern. Sie trauen sich nicht, den Schläger voll zu beschleunigen und nehmen ihrem Schwung dadurch die Kraft. Beides führt unweigerlich dazu, daß die Arme im Durchschwung dann schlapp machen. Es fehlen die freie Drehbewegung und die Durchzugskraft.

So wie ein Sprinter bestrebt ist, bis zum Zielband immer schneller zu werden, so müssen Sie als Golfer alles daransetzen, den Schlägerkopf während des ganzen Abschwunges und durch den Treffmoment hindurch zu beschleunigen. Das geht aber nur, wenn Sie Ihren Schläger in einem gleichbleibend weiten Bogen von oben herunter durch den Ball hindurchschwingen.

Neunundzwanzigste Korrektur

Schwingen Sie wie mit einem Baseballschläger

Beobachten Sie mal einen Waldarbeiter beim Fällen eines Baumes. Sie werden sehen, daß seine Arme voll gestreckt sind, wenn die Axt den Baum trifft. Die Erfahrung hat ihn gelehrt, daß er auf diese Weise am besten zuschlagen kann. Das gleiche gilt für den Baseballspieler, der einen „home run" schlägt. Und das gleiche gilt auch für's Golf.

Nach diesem Prinzip empfehle ich Ihnen Übungsschwünge auf der gleichen horizontalen Ebene wie beim Baseball. Halten Sie am besten einen Driver in Hüfthöhe vor Ihrem Körper, und schwingen Sie ihn dann mehrmals vor und zurück. Dabei werden die Arme im Treffbereich stets gestreckt sein. Mit zwei Schlägern können Sie à conto des größeren Gewichtes den Effekt noch verstärken und für sich selbst besser sichtbar machen.

Sobald Ihnen dieser freie Durchschwung ganz bewußt ist, senken Sie den Schläger allmählich bis auf die normale Ebene des Golfschwunges. Achten Sie darauf, das aus Armen und Schultern gebildete Dreieck zu erhalten, während Sie den Schläger mit gestreckten Armen in den Ball hinein und durch ihn hindurch bis zum Ende schwingen.

Dreissigster Fehler

Schlechte Haltung im Durchschwung

Die großen Spieler beenden ihren Schwung fast ohne Ausnahme in einer charakteristischen und stilistisch einwandfreien Haltung. Sie ist gewissermaßen ihr Warenzeichen, und sie prägen es auf jeden vollen Schwung auf, so wie ein Maler das fertige Bild signiert.

Bis zu einem gewissen Grad wird die Qualität Ihrer Durchschwunghaltung natürlich von dem abhängen, was vorher passiert ist. Sie müßten aber zumindest eine klare Vorstellung davon haben, wie Ihre Haltung nach einem guten Durchschwung ausschauen sollte.

Ein armseliger Durchschwung ist mit Sicherheit die Folge eines unzureichenden Körpereinsatzes und eines im Treffmoment langsamer werdenden Schlägerkopfes. Anlaß dazu ist häufig das Bestreben des Spielers, den Schlägerkopf und damit letzten Endes auch den Ball durch den Treffbereich hindurch zu „steuern", anstatt ihn am langen Zügel frei durch den Ball hindurchzuschwingen. Typisch ist dieser Fehler für den Golfer, dessen Gewicht am Ende des Schwunges zu sehr auf der rechten Seite hängengeblieben ist, und dessen Schläger dann steil nach oben zeigt. Gewiß kein eleganter Abschluß!

Dreissigste Korrektur

Rückdrehung im Durchschwung

Bei einem korrekt und vollständig beendeten Schwung rotiert der Körper während des ganzen Schlages, so daß am Schluß das Gewicht zum allergrößten Teil auf der linken Seite liegt, der rechte Fuß nur noch mit der Spitze am Boden ist, die Knie sich leicht berühren, die Hüften voll gedreht sind und die rechte Schulter zum Ziel zeigt. Ihr Stand auf dem linken Fuß sollte so perfekt ausbalanciert sein, daß Sie mit dem Ausklingen des Schwunges zum Ziel hinlaufen könnten.

Wenn Sie erst einmal erfaßt haben, wie die perfekte Haltung am Ende des Schwunges sein sollte, dann wird es Ihnen leichter fallen, auch den Ihren in der für den Pro routinemäßigen Art und Haltung zu beenden. Kopieren Sie sie! Beschleunigen Sie bei einem Übungsschwung den Schläger einmal so stark, daß der Schlägerkopf im Durchschwung fast Ihren Rücken trifft. Schwingen Sie ihn dann bis in die Hüfthöhe zurück und bewahren Sie diese Haltung etwa eine Sekunde lang. Das schaut richtig gut aus! Durch dieses Zurückschwingen und Zurückdrehen des Körpers werden Sie sich bewußt, wie der Schläger im Verlauf des Schwunges beschleunigt und frei bis zum Ende durchgeschwungen werden muß. Versuchen Sie nun das Ganze mit einem Ball. Ihr Schwung wird noch nicht perfekt sein, die Schläge dafür aber bereits sichtbar besser.

1
und
2

5. KAPITEL
Schwungfehler und schlechte Schläge

Der perfekt abgestimmte Einsatz von Armen und Körper ist die beste Voraussetzung für einen gleichbleibend guten Schwung. Und wenn Rhythmus, Tempo und Balance einen gleichbleibenden, kraftvollen Bewegungsablauf ermöglichen, dann führt ihr Ausbleiben unweigerlich zu allen nur denkbaren Fehlern.

Einundreissigster Fehler

Zu starke Kopfbewegungen

Wie oft mag es Ihnen wohl schon passiert sein, daß ein Partner Sie darauf aufmerksam gemacht hat, daß Sie im Schwung Ihren Kopf bewegen? Und nun denken Sie vor jedem Schlag daran. Sie versuchen sich vorzustellen, was er genau damit meint; aber irgendwie bringen Sie seine Worte und Ihre eigenen Empfindungen während des Schwunges nicht unter einen Hut.

Kopfbewegungen können einzelnen oder als Kombination verschiedener Bewegungen erfolgen, und zwar erstens: von einer Seite zur anderen, zweitens: 'rauf und 'runter; drittens: hin zur Ball-Ziel-Linie oder weg von ihr. Bei einem guten Schwung zeigt sich etwas von der ersten, und gelegentlich eine Spur von der zweiten Bewegung. Dagegen ist nichts zu sagen. Die dritte Art der Kopfbewegung aber ist gefährlich, ob sie nun nach vorn und zurück oder umgekehrt erfolgt. Sie löst in jedem Fall eine ruckartige Gewichtsverlagerung zu den Fußspitzen oder Fersen aus und stört damit Ihr Gleichgewicht. Eine solche Schwerpunktverschiebung erschwert die konstante Wiederholung eines korrekten Schwunges ganz erheblich. Und Sie werden den Ball auch nur selten im Sweetspot der Schlagfläche treffen.

Wenn wir von Kopfbewegungen im Schwung sprechen, müssen wir auch den von der Wirbelsäule gebildeten Winkel in Betracht ziehen. Beide hängen ja eng zusammen. Wenn sich der Rückgratwinkel der Ansprechhaltung im Verlauf des Schwunges erheblich ändert, so wird der Kopf diese Bewegung mitmachen.

Einunddreissigste Korrektur

Feststehender Kopf – konstanter Rückgratwinkel

Ich möchte, daß Sie sich weniger mit dem Kopf und mehr mit dem Rückgratwinkel beschäftigen, so wie er beim Ansprechen des Balles entsteht. Ein gleichbleibender Schwung ist nämlich nur möglich, wenn dieser Rückgratwinkel vom Ansprechen bis nach dem Treffmoment unverändert bleibt. Unabhängig davon muß sich Ihr Kopf zur Erleichterung der Körperdrehung etwas bewegen. Eine starre Kopfhaltung würde sowohl die Körperdrehung als auch die Gewichtsverlagerung erheblich behindern.

Die folgenden Übungen werden Ihnen das näher bringen. Erstens: Legen Sie ein Kissen zwischen Ihren Kopf und eine Wand, verschränken Sie die Arme vor der Brust und nehmen Sie die normale Ansprechstellung ein. Machen Sie nun die korrekten Drehbewegungen, ohne Kopf und Kissen von der Wand zu lösen. Spüren Sie, wie sich der Körper um einen fast feststehenden Kopf dreht. Tatsächlich soll und wird der Kopf sich ein klein wenig drehen. Wenn das Kissen nach dem Treffmoment herunterfällt, so macht das nichts mehr, weil der Ball dann schon unterwegs ist. Zweitens: Drehen Sie sich jetzt um, nehmen Sie wieder die normale Ansprechstellung ein, diesmal aber mit dem Gesäß an der Wand. So wie vorher der Kopf, soll es auch während der Auf- und Abwärtsbewegung des Körpers fest an der Wand bleiben. Achten Sie diesmal auf den Winkel des Oberkörpers und darauf, daß er bis nach dem Treffmoment konstant bleibt. Mit etwas Geduld wird Ihnen nach einiger Zeit aufgehen, wie sich der Körper im Schwung richtig dreht und wie Sie übermäßige Kopfbewegungen loswerden können.

ZWEIUNDDREISSIGSTER FEHLER

Arme und Körper nicht synchron – schlechtes Timing

Das Timing und seine Bedeutung sind ein unerschöpfliches Thema in jedem Golfunterricht. Es ist dieser magische Begriff so entscheidend für den synchronen Ablauf von fließender Körperdrehung und wohltemporiertem Armschwung. Wie immer Ihr Handicap sein mag, Sie werden sicher gelegentlich das großartige Erfolgserlebnis haben, wenn das Timing perfekt war, wenn Sie den Ball scheinbar mühelos genau im Sweetspot getroffen haben. Glückliche Tage!

Aber da ist leider auch die Kehrseite der Medaille. Aus irgendeinem unerfindlichen Grund ist Ihr Timing plötzlich zum Teufel. Arme und Körper sind sich uneins. Diese beiden fundamentalen Komponenten Ihres Schwunges liegen im Streit, und das Spiel wird schnell zu einem langen, qualvollen Kampf. Für diesen Mißklang gibt es zahlreiche Gründe. So gibt es meistens Ärger, wenn die Oberarme sich auf halbem Weg des Hochschwunges und im Durchschwung von Ihrem sich drehenden Rumpf lösen. Auf einem rückwärts laufenden, in Zeitlupe aufgenommenen Video läßt sich klar erkennen, wie der linke Arme sich im Rückschwung von der Brust trennt und hochgeht und der rechte Arm beim Durchschwung gleichermaßen aus der Reihe tanzt. Ein Gleichklang der Bewegungen von Armen und Körper im Treffmoment ist unter diesen Umständen aber äußerst unwahrscheinlich.

Zweiunddreissigste Korrektur

Vom Wert des Zusammenwirkens

Hoffentlich ist Ihnen inzwischen aufgegangen, wie entscheidend das harmonische Zusammenwirken von Armen und Körper für das Zustandekommen eines rhythmischen und damit erfolgreichen Schwunges ist. Dazu muß der Druck zwischen Ihren Oberarmen und der Brust mindestens bis zur halben Höhe des Rückschwunges und Durchschwunges klar erkennbar und fühlbar sein. Beim Rückschwung soll der linke Arm diagonal über Ihrer Brust liegen und beim Durchschwung spiegelbildlich der rechte.

Die nachfolgende Übung wird Ihnen dieses Zusammenwirken näherbringen. Klemmen Sie je eine Schlägerhaube in beide Achselhöhlen und machen Sie dann Dreiviertelschwünge mit einem Eisen 9, ohne daß die Hauben herunterfallen. Konzentrieren Sie sich darauf, die Drehung des Körpers und den Schwung der Arme gleichzeitig ablaufen zu lassen und daß alle Bewegungen synchron erfolgen. Ein besserer Schwung und bessere Schläge werden bald Ihr Lohn sein. Diese Übung ist aber nur für einen Dreiviertelschwung gedacht. Bei einem vollen Schwung werden die Schlägerhauben herunterfallen, weil die Arme sich dann für die richtige Ausgangsposition des Rückschwunges von der Brust lösen. Sobald also der Dreiviertelschwung gut funktioniert, können Sie die Schlägerhauben weglassen und sich ganz darauf konzentrieren, das gleiche Zusammenwirken von Armen und Körper auch bei vollen Schlägen zu erreichen. Ihr Schwung wird müheloser, Ihr Timing kehrt zurück, und das Spiel erscheint wieder leicht und erfolgversprechend.

Dreiunddreissigster Fehler

Zu schnell, zu langsam – schlechtes Tempo

Tempo ist im Golf die Durchschnittsgeschwindigkeit des Schwunges. Ist man in guter Form, so stimmt dieses Tempo, und man empfindet es auch so. Haben Sie aber einen schlechten Tag, dann ist das Tempo im Zweifel auch dahin. Das klingt ganz einfach. Aber ich kann Ihre Gedanken lesen, nämlich: „Welches Tempo ist denn nun für mich das richtige?“

Man kann sagen, daß das Tempo die Persönlichkeit eines Spielers sozusagen widerspiegelt. Gehören Sie zu den Menschen, die schnell reden und sich schnell bewegen, so wird Ihr Schwung diesem Tempo höchstwahrscheinlich angeglichen sein. Sind Sie dagegen in Ihrer ganzen Art eher zurückhaltend und besonnen, so wird auch Ihr Schwung in Art und Ablauf ruhig und nicht übereilt sein. Wie immer Ihr natürliches Verhalten sein mag, Ihr Schwung muß durch die koordinierte Aktion von Schläger, Armen und Körper eingeleitet werden. Jeder Versuch, den Schläger durch einen übermäßigen Einsatz von Händen und Armen zu steuern, bringt Ärger. Ob Sie den Schläger vom Ball wegreißen oder ihn im Schneckentempo wegheben, ein sinnvolles Tempo des Schwunges ist dabei ausgeschlossen.

Dreiunddreissigste Korrektur

Harmonisch – fließend – leicht

Von dem Augenblick an, in dem der Schläger sich vom Ball wegbewegt, muß die Drehung des ganzen Körpers einsetzen. Das heißt, die Hände und Arme bewegen sich konform zur Rotation des Körpers; die großen Körpermuskeln steuern dabei den Einsatz der kleineren in Händen und Armen.

Nun ist es wohl einleuchtend, daß dies nur bei völliger Entspannung vor Beginn des eigentlichen Schwunges zu erreichen ist. Atmen Sie bei den üblichen Waggles ein paarmal tief durch, fühlen Sie das Gewicht des Schlägerkopfes in den Händen und konzentrieren Sie sich dann beim Einsetzen des Rückschwunges auf „harmonisch – fließend – leicht“!

Sollte bereits diese erste Bewegung Ihnen irgendwelche Schwierigkeiten machen, so suchen Sie sich einen „Schwungauslöser“. Beobachten Sie dazu mal im Fernsehen die Schwungvorbereitungen der Pros. Eine besonders hilfreiche sehe ich in dem ganz einfachen Vorgang, unmittelbar vor Einsetzen des Rückschwunges das rechte Knie leicht nach innen einzuknicken. So simpel das erscheinen mag, so nützlich kann es sein.

Eine weitere Hilfe, das richtige Tempo zu erreichen, sehe ich in dieser Übung: Sprechen Sie den Ball an, heben Sie den Schlägerkopf dann etwas vom Boden ab, bewegen Sie ihn etwa fünfzig Zentimeter nach vorn und starten Sie von dort Ihren Rückschwung. Lassen Sie dabei den Schlägerkopf über den Ball zurückgleiten und schwingen Sie in einer fließenden Bewegung bis zum höchsten Punkt. Nach mehrfacher Wiederholung werden Sie allmählich das Gefühl dafür bekommen, „alles zusammen“ im richtigen Tempo harmonisch, fließend und leicht zu bewegen.

Vierunddreissigster Fehler

Fehlender Rhythmus

Ob ein Schwung schnell oder langsam ist – seine einzelnen Phasen müssen sich zu einer einzigen fließenden Bewegung vereinen. Darin liegt der Unterschied zwischen Rhythmus und Tempo. Das Tempo Ihres Schwunges kann hoch oder niedrig sein. Ist Ihr Schwung aber irgendwie ruckartig, so wird er niemals zu einem wirklichen Rhythmus finden.

Die für den Rhythmus eines Schwunges kritische Phase ist der Übergang von Rückschwung zu Abschwung. Wieso? Weil immer wieder zu viel Wert darauf gelegt wird, den Schwung in einen Rückschwung und einen Abschwung zu zerteilen, anstatt ihn als eine einzige fließende Bewegung zu sehen. Erschwert wird es noch durch das verhängnisvolle Bestreben vieler Golfer, den Ball vom Gipfel des Schwunges aus zu „erschlagen". Ein rhythmischer Übergang von Aufschwung zu Abschwung ist dann natürlich unmöglich. Typisch ist doch die Runde, auf der Sie an sich eine Menge guter Schläge fertigbringen, ein letztlich gutes Ergebnis aber durch eine plötzliche Katastrophe vereiteln. Was passiert? Ihre Schwungtechnik ist wahrscheinlich ganz in Ordnung – der Rhythmus Ihres Schwunges aber läßt gelegentlich zu wünschen übrig.

Vierunddreissigste Korrektur

Rhythmus – das Öl Ihres Schwunges

Ich sehe den Golfschwung gerne als eine Kettenreaktion, bei der eine korrekte Bewegung in die nächste überleitet. Natürlich läßt sich ein Schwung in verschiedene Phasen unterteilen; aber einen Bewegungsablauf, der insgesamt nur etwas länger als eine Sekunde dauert, sollte man doch eher als eine Einheit ansehen. Die Beschäftigung mit einzelnen Positionen im Schwung sollte sich daher lieber auf Übungsschwünge vor einem Spiegel und ohne Ball beschränken.

Ein rhythmischer Schwung ist nur dann möglich, wenn der Spieler von Anfang an wirklich entspannt ist. Versuchen Sie mal beim Üben gewissermaßen im Takt zu schwingen. Setzen Sie sich selbst in ein bestimmtes Tempo und machen Sie den Schwung zu einer „Eins- und Zwei-Bewegung". Sagen Sie die Worte dabei laut vor sich hin: „Eins" ist der Rückschwung ... „und" ist die Übergangsphase von Auf- zu Abschwung ... „Zwei" ist der Schlag durch den Ball hindurch bis zum Ende des Schwunges.

Es klingt vielleicht ein bißchen primitiv, aber Sie werden es schon merken, wie ein Singsang mit diesen Worten Ihrem ganzen Rhythmus zugute kommen wird. Wenn Sie dann bei den Übungsschwüngen noch die Augen schließen, dann werden Sie das Gewicht des Schlägerkopfes und seine Beschleunigung von oben durch den Ball hindurch bis zum Schwungausklang ganz deutlich in Ihren Händen spüren. Wiederholen Sie das dann auf dem Platz mit offenen Augen am Ball und erleben Sie, wie sich Ihr Spiel ändert.

FÜNFUNDDREISSIGSTER FEHLER

Verlust des Gleichgewichts – schlechte Beinarbeit

Ist Ihnen je aufgefallen, daß Spitzenspieler eigentlich niemals aus dem Gleichgewicht kommen, unabhängig von dem Schlag, den sie gerade machen? Bei ihnen schaut das ganz einfach aus. Nach einem Dreiviertel-Pitch wie nach einem vollen Drive – ihre ganze Haltung zeigt am Schluß eine perfekte Balance.

Daraus läßt sich eine Menge lernen, so zum Beispiel, daß man nur aus einer ausbalancierten Haltung heraus den Schlägerkopf square in den Ball hinein beschleunigen kann. Kern dieses Gleichgewichtes ist Ihr „Schwungzentrum", der Bereich von den Hüften abwärts. Die untere Körperhälfte soll ja bis unmittelbar vor dem Treffmoment passiv bleiben, sie soll die Drehbewegung des Rumpfes und den Schwung der Arme stabilisieren und unterstützen. Das wird nur dann problematisch, wenn Ihre Hüften, Knie und Füße zu stark in Aktion treten. Verlagert sich Ihr Gewicht übermäßig auf die Fersen oder Fußspitzen oder rollt es gar auf die Außenseite der Fußgelenke, dann verschiebt sich Ihr Schwungzentrum, Ihr Gleichgewicht ist gestört, und Ihr Schwung gerät völlig aus der Bahn. Und dann kann alles mögliche passieren...!

Fünfunddreissigste Korrektur

Knie festigen – Schwung im Gleichgewicht

Wenn Sie Ihnen am Anfang auch etwas lästig erscheinen mag, so ist diese Übung doch ein gutes Mittel, die wichtige Aufgabe der Füße und Knie zu demonstrieren, sowohl für das Gleichgewicht des Schwunges als auch für den im Treffmoment so wichtigen „Extra-Kick".

Und das funktioniert so: Sprechen Sie den Ball ganz normal an, drehen Sie dann die Füße etwas einwärts und beachten Sie dabei den Abstand zwischen den Knien. Versuchen Sie nun, beim Schwung diesen Abstand bis kurz vor dem Treffmoment unverändert zu erhalten und schließen Sie ihn dann blitzartig, während Ihre rechte Seite den Schläger durch den Ball hindurchpeitscht. Wenn die Hüften sich dann zum Ziel drehen, sollten die Knie sich leicht berühren. Haben Sie das im Schlag deutlich realisiert? Volle Schläge aus einem Fairwaybunker sind eine weitere Möglichkeit zur Verbesserung der Beinarbeit; aber nur wenn Sie Ihre Füße vorher nicht in den Sand graben. Diese Übung wende ich gerne an, wenn Tour-Spieler etwas aus dem Schlag gekommen sind. Vor allem in einer kritischen oder gefährlichen Lage wird man das Gleichgewicht nur bewahren und den Ball sauber treffen, wenn die Beine fest und ruhig stehen. Versuchen Sie es mal! Das Ergebnis wird Sie verblüffen! Und noch etwas: Wenn Sie à conto einer reduzierten Gelenkigkeit den linken Absatz bei der vollen Körperdrehung vom Boden abheben müssen, so macht das gar nichts. Denken Sie nur stets daran, daß Ihr Gewicht niemals auf die Außenseite des rechten Fußes überrollen darf. Vor allem Senioren sind nicht mehr so gelenkig, und sie sollten deshalb den linken Absatz ruhig ganz bewußt ein wenig anheben. Generell sollte man dies jedoch nur tun, wenn es sich nicht vermeiden läßt.

SECHSUNDDREISSIGSTER FEHLER

Schwung verloren – Gefühl verloren

Sie kennen sicher auch diese Freuden- und Schreckensrufe: „Ich hab's, ich hatte es doch, es ist weg!" Das Epitaph des Golfers! Dabei denke ich besonders an das für jeden Schwung so entscheidend wichtige und doch irgendwie unfaßbare Etwas – das „Feeling".

Golf ist ein so unbeständiges Spiel. An einem Tag haben Sie bei Ihrem Schwung ein wunderbares Gefühl, am nächsten Tag ist es wie weggeblasen, obwohl Sie genau so konzentriert spielen. Ihr Rhythmus verschwindet spurlos, der Schläger wiegt eine Tonnne, Ihre Länge ist futsch – hundert Dinge funktionieren plötzlich und auf unerklärliche Weise nicht mehr.

Aber selbst wenn das alles auf Sie zutrifft, so ist das noch kein Grund zur Verzweiflung. Selbst den besten Spielern passiert es, und dafür gibt es tausend Gründe – ein Wetterumschwung, gestreßte Situation auf dem ersten Abschlag, schlechter Schlaf, ein Longhitter als Partner ... und so weiter.

Eines ist dabei nur ganz sicher – was immer der Grund für Ihren plötzlichen Verlust des Feelings auch sein mag, er wird viele schlechte Schläge nach sich ziehen. Und wenn Sie so richtig frustiert sind, dann sind die glücklichen Momente vergangener Tage nur noch Schnee von gestern.

Sechsunddreissigste Korrektur

Wie gewinnt man das Feeling zurück

Seien Sie vor allem nicht zu hart mit sich selbst, wenn das Gefühl Sie verlassen hat. Das kann jedem passieren. Sie müssen sich ganz einfach darüber im klaren sein, daß Ihr Golfschwung sich von Tag zu Tag, von Woche zu Woche bis zu einem gewissen Grad verändert. Das macht Golf ja zu einem so großartigen Spiel. Wir wissen nie, was auf uns zukommt.

Was Sie brauchen, ist eine Checkliste für Notfälle. Damit können Sie Ihr aus der Bahn geratenes Spiel wieder in den Griff bekommen. Hierzu ein paar Ideen. Als erstes die Grundregeln: Überprüfen Sie Ihren Griff, Ihre Haltung und Ausrichtung. Stimmt da etwas nicht, so wirkt sich das unweigerlich auf den Schwung und das Schwungfeeling aus. Also stellen Sie die Fehler ab! Als zweites Erfahrungen aus zurückliegenden Tagen: Was haben Sie beim letzten Mal unternommen, als es mit dem Schwung nicht mehr klappte? Überlegen Sie, ob Sie nicht alte Fehler wiederholen. Die kommen nämlich manchmal zurück, ohne daß man es merkt. Als drittes: Vergessen Sie bitte den Wunsch, auf den Ball zu hauen und konzentrieren Sie sich auf einen weichen, fließenden Schwung. Machen Sie mal ein paar Probeschwünge mit geschlossenen Augen und fühlen Sie dabei das Gewicht des Schlägerkopfes, den Rhythmus und das Gleichgewicht im Schwung. Als viertes: Zwingen Sie sich auf dem Platz dazu, jeweils einen Schläger„mehr" zu nehmen, also anstelle eines vollen Eisen 5 ein leichtes Eisen 4 zu spielen. Schwingen Sie dann zunächst nur mit Dreivierteltempo, bevor Sie wieder voll zuschlagen. Und wenn Sie fünftens Ihr Feeling wiedergewonnen haben, dann notieren Sie sich auf einer guten Runde die wichtigsten Punkte. Darauf können Sie dann zurückgreifen, wenn Sie wieder mal „im Keller" sind.

Siebenunddreissigster Fehler

Slice und Pull

Ob Sie es glauben oder nicht – diese beiden Übel gehen auf den gleichen fundamentalen Schwungfehler zurück. In beiden Fällen wird der Schlägerkopf von außen nach innen in den Ball hineingeschwungen – einer der am weitesten verbreiteten Fehler im Golf. Eine kleine Kontrolle: Zeigen Ihre Divots permanent nach links vom Ziel, so schwingen Sie von außen nach innen. Das Ergebnis des Schlages hängt letztlich dann von der Stellung der Schlagfläche im Treffmoment ab. Ist sie geschlossen oder square ausgerichtet, so wird der Ball nach links gepullt; ist sie offen, so wird es ein Slice mit zusätzlich starkem Rechtsdrall.

Der negative Effekt des Schwingens von außen nach innen ist bei vollen Schlägen mit Hölzern oder langen Eisen besonders stark. Diese Schläger mit ihrer steilen Schlagfläche verzeihen einen solchen Schwungfehler sehr viel weniger, so daß der Ball völlig außer Kontrolle weit nach rechts abdreht. Ein Pull passiert häufig bei den kürzeren Eisen. Der stärkere Loft des Schlägerblattes begünstigt jedoch den Backspin, wodurch der Seitwärtsdrall reduziert wird und der Ball in gerader Bahn nach links fliegt. Viele Golfer halten diesen Pull fälschlicherweise für einen Hook. Denken Sie mal darüber nach!

SIEBENUNDDREISSIGSTE KORREKTUR

Schlagfläche square – Schwung von innen nach außen

Um einen Pull oder Slice los zu werden, müssen Sie es nicht nur lernen, den Schläger mehr auf einer Bahn von innen nach außen zu schwingen, Sie müssen auch die Stellung der Schlagfläche im Treffbereich korrigieren, das heißt square ausrichten. Sie können die sechs Korrekturtips nun einzeln oder kombiniert versuchen.

1. Stärken Sie Ihren Griff. Drehen Sie dazu beide Hände am Schaft so weit nach rechts, bis auf dem Rücken der linken Hand drei Fingerknöchel sichtbar sind. Achten Sie darauf, daß die V's zwischen beiden Daumen und Zeigefinger parallel zueinander liegen und nach oben zu Ihrer rechten Schulter zeigen.
2. Drehen Sie Ihren ganzen Körper etwas zu, indem Sie Ihre Füße, Hüften und Schultern nach rechts vom Ziel ausrichten und stellen Sie sich außerdem etwas mehr vor den Ball.
3. Schließen Sie die Schlagfläche zu Beginn des Rückschwunges etwas, so daß sie etwas länger zum Ball schaut. Am Ende des Rückschwunges sollte die Schlagfläche dann senkrecht zum Himmel zeigen.
4. Strecken Sie den rechten Arm im Abschwung relativ früh. Stellen Sie sich vor, Sie stehen auf dem Zifferblatt einer Riesenuhr. Der Ball liegt genau in der Mitte. Zwölf Uhr ist die Linie zum Ziel. Die Schwungbahn des Schlägers sollte nun von sieben Uhr nach dreizehn Uhr verlaufen.
5. Drehen Sie die Schlagfläche im Treffmoment bewußt zu, so daß Sie es direkt fühlen, wie die Spitze des Schlägerkopfes den Schlägerhals überholt. Der rechte Arm dreht sich voll über den linken, und die rechte Hand liegt mit leichtem Druck am Schläger.
6. Üben Sie die Schläge aus einer Hanglage, in der Sie etwa zehn Zentimeter unterhalb des Balles stehen. Das begünstigt eine besonders runde Schwungbahn, aus der heraus Sie den Schläger flacher, kräftiger und mehr von innen nach außen in den Ball hineinschwingen werden.

Achtunddreissigster Fehler

Hook und Push

Genauso wie Pull und Slice auf den gleichen Schwungfehler zurückzuführen sind, sind auch Hook und Push nahe Verwandte. Diesmal kommt der Schlägerkopf allerdings auf einer von innen nach außen verlaufenden Bahn an den Ball. Ihre Divots werden bei diesen Schlägen nach rechts vom Ziel zeigen. Ist die Schlagfläche dabei im Treffmoment square oder leicht offen ausgerichtet, so gibt es einen Push, bei geschlossener Schlagfläche dagegen einen Hook.

Auch hier bestimmt letztendlich die Stellung der Schlagfläche im Treffmoment den Ablauf des ganzen Schlages. Ein extrem von innen nach außen verlaufender Schwung wird einen Push nach rechts ergeben, wenn die Schlagfläche im Treffmoment square oder leicht offen ist, bei geschlossener Schlagfläche dagegen einen wilden Hook. Wie immer das Ergebnis aber auch sein mag, Sie werden die Flugbahn Ihres Balles niemals präzise bestimmen, wenn die Schwungbahn des Schlägerkopfes nur für einen so kurzen Moment mit der Linie zum Ziel übereinstimmt. Sie müssen also nicht nur die Stellung der Schlagfläche korrigieren, Sie müssen sich vor allem darum bemühen, den Schlägerkopf auf einer geraden Linie durch den Treffbereich hindurchzuschwingen.

Achtunddreissigste Korrektur

„Öffnen" des Körpers – Schlagfläche square

Hier biete ich Ihnen wieder ein Sechs-Punkte-Programm. Auch diese Korrekturtips können Sie einzeln oder in der für Sie optimalen Kombination versuchen. Sind Sie bereit?

1. Schwächen Sie den Griff der rechten Hand, drehen Sie sie also im Gegenuhrzeigersinn am Schaft. Dadurch kommt die rechte Hand nicht zu stark in den Schlag und trägt eher dazu bei, die Schlagfläche square zu halten.
2. Um nicht zu sehr von innen nach außen zu schwingen, drehen Sie schon beim Ansprechen des Balles den Oberkörper leicht zum Ziel und stellen Sie sich etwas mehr hinter den Ball.
3. Die Spitze des Schlägerkopfes sollte bereits auf halber Höhe des Rückschwunges senkrecht nach oben zeigen. Ist dieser Schwungfehler bei Ihnen besonders ausgeprägt, so sollten Sie noch versuchen, das linke Handgelenk am Ende des Rückschwunges leicht einzuknicken.
4. „Öffnen" Sie Ihren Körper im Treffbereich, so daß Ihre Hüften mehr zum Ziel zeigen und Ihre Schulter voll in den Schlag kommen kann.
5. Sie sollten es spüren, daß das Griffende des Schlägers nach dem Treffmoment nach links schwingt, daß die Schlagfläche aber offen bleibt.
6. Üben Sie die Schläge aus einer Hanglage, in der Sie etwa zehn Zentimeter oberhalb des Balles stehen. Das begünstigt eine steilere Schwungbahn, aus der heraus Sie den Schlägerkopf auf einer eher geraden Linie in den Ball hineinschwingen werden.

Neununddreissigster Fehler

„Der Sh . . .“

Dieses mit „S“ anfangende Wort zu hören, kann alleine schon ausreichen, den tödlichsten Schlag im Golf auszulösen. Er ist außerdem auch noch ansteckend. Ich habe schon Spieler erlebt, die nach einem Shank ihres Partners es prompt nachmachten. Bei diesem Schlag treffen Sie den Ball in dem Winkel zwischen Schlagfläche und Schaftende. Das kann auf zweifache Weise geschehen: Entweder kommt der Schlägerkopf geschlossen und scharf von innen nach außen an den Ball, oder ebenso übertrieben von außen nach innen. In jedem Fall wird der Ball fast in einem rechten Winkel nach rechts verschwinden.

Der Grund für diese Katastrophe liegt in erster Linie darin, daß die Hände des Spielers und damit auch der Schlägerkopf im Treffmoment weiter vom Körper entfernt sind, als sie es beim Ansprechen des Balles waren. Natürlich kann es auch daran liegen, daß Sie von Anfang an zu nahe am Ball gestanden haben, so daß Ihre Arme nicht den nötigen Spielraum hatten, um frei am Körper vorbeizuschwingen. Im allgemeinen aber liegt es ganz einfach daran, daß Ihr Gewicht nach vorn auf die Zehen gekippt ist und Ihre Hände und der Schlägerkopf sich dadurch zu weit vom Körper entfernten.

Als instinktive Reaktion auf den Shank werden Sie sich etwas weiter vom Ball wegstellen, in der Annahme, das Zusammentreffen mit dem Ball mehr zur Spitze des Schlägerkopfes zu verschieben. Falsch! Damit wird das Problem nur noch größer. Sie sind dann nämlich gezwungen, sich im Treffbereich nach dem Ball zu strecken, und dadurch wird Ihr Gewicht sogar noch mehr nach vorn auf die Zehen verlagert.

Neununddreissigste Korrektur

Gewicht auf den Fersen – gerade Schwungbahn

Shanks lassen sich auf folgende Weise kurieren: Bemühen Sie sich als erstes um eine korrekte Ausgangsstellung und Ausrichtung. Verlagern Sie Ihr Gewicht dann ein wenig zurück auf die Fersen, indem Sie die Zehen in den Schuhen nach oben drücken. Wenn Sie das während des ganzen Schwunges beibehalten, werden Sie nicht mehr nach vorn kippen. In besonders schweren Fällen kann man je einen Golfball unter die Fußspitzen legen. Greifen Sie den Schläger eher leicht. Man hat ihn beim Shank nämlich meistens zu fest gepackt, und dann kann der Schlägerkopf natürlich nicht leicht und frei durch den Ball hindurchschwingen.

Als nächstes kommt dann die Korrektur der Schwungbahn durch den Treffbereich hindurch. Dazu diese Übung: Legen Sie einen zweiten Ball anderthalb Zentimeter außerhalb Ihres Spielballes hin. Versuchen Sie dann, den Spielball zu schlagen, ohne den anderen dabei zu treffen. Sie sollten dabei spüren, daß Ihre Hände im Treffbereich jetzt näher am Körper sind. Treffen Sie jedoch beide Bälle, so schwingen Sie den Schläger immer noch außerhalb der Linie Ball-Ziel. Das aber müssen Sie unbedingt abstellen.

Im Lauf der Jahre habe ich mit diesen Erläuterungen und Übungen vielen Spielern helfen können, ihr Selbstvertrauen wiederzugewinnen. Warum sollte das nicht auch bei Ihnen gelingen?

Vierzigster Fehler

Getoppte und fette Bälle

In einem kritischen Stadium des Spiels gibt es kaum etwas Schlimmeres als einen zu dünn oder zu fett getroffenen Ball. Sie stehen nicht nur ziemlich blöde da, auch Ihr Selbstvertrauen ist sofort angeschlagen, weil Sie Wiederholungen fürchten. Anders ausgedrückt sind ausgesprochen dünn oder fett getroffene Bälle das Resultat eines übermäßig steilen, V-förmigen Schwunges. Dabei wird der Schlägerkopf im Treffbereich nicht, wie es sein sollte, auf einer beinahe flachen Bahn – fast parallel zum Boden – durch den Ball hindurchgeschwungen, sondern steil von oben herunter und auch wieder hinauf. Liegt der tiefste Punkt dieser Schwungbahn, also das spitze Ende des „V", hinter dem Ball, so wird er fett getroffen, liegt es dagegen sozusagen oben auf dem Ball, so wird er getoppt.

Diese Fehler entstehen oft aus dem Bestreben heraus, den Ball in die Luft zu heben oder zu löffeln, anstatt dem Loft der Schlagfläche diese Arbeit zu überlassen. Das beobachte ich häufig, wenn der Ball sehr „glatt" liegt. Um ihn aus einer solchen Lage in die Luft zu bekommen, glaubt der Spieler dann, expressis verbis unter dem Ball hindurchschlagen zu müssen. Aus lauter Angst kommt er dann aus dem Rhythmus und schwingt auch meistens nicht voll durch. Er wird sich auch wahrscheinlich im Schlag zu sehr aufrichten und viel zu schnell aufschauen. Und dann kann der Ball irgendwohin gehen!

VIERZIGSTE KORREKTUR

Flacherer Schwung – beständige Schläge

Bevor wir uns überlegen, wie wir Ihren Schwungbogen flacher machen können, sollten Sie sich folgende Punkte einprägen:
1. Ihre Stellung am Ball – mehr hinter ihm bei den Hölzern und weiter vorn bei den Eisen – wird einen entscheidenden Einfluß darauf haben, wann und an welchem Punkt des Schwungbogens Sie den Ball treffen.
2. Der Loft der Schlagfläche wird den Ball in die Luft befördern; Sie brauchen ihm dabei nicht zu helfen.

Sie können den Ball allerdings nur aus einem Schwungbogen heraus sauber treffen, der den Schlägerkopf im richtigen Winkel in den Ball hineinführt. Und vergessen Sie bitte nicht den feinen, aber wichtigen Unterschied zwischen Hölzern und Eisen. Bei den Hölzern geht es darum, den Ball in einem eher flachen Winkel anzugreifen, damit der Schlägerkopf ihn vom Tee wegfegen kann. Für den Ball-Boden-Schlag jedoch – charakteristisch für die harten Eisenschläge – ist ein steiler Auftreffwinkel angezeigt, ein Schlag mehr von oben herunter, um den Ball aus dem Gras heraus- und hoch zu kriegen.

Diese Überlegungen führen zu einem fast U-förmigen Schwungverlauf, dessen flache Unterseite den Treffbereich darstellt. Machen Sie dazu mit einem mittleren Eisen ein paar Übungsschwünge und bemühen Sie sich dabei, direkt nach dem Auftreffen des Schlägerkopfes einen flachen Divot herauszuschlagen. Stecken Sie bei den Holzschlägen ein Tee an der Innenseite des linken Absatzes in den Boden und versuchen Sie, es beim Hochschwingen herauszudrücken. Damit begünstigen Sie das für lange Schläge so wichtige Wegfegen des Balles und eliminieren gleichzeitig die Gefahr, den Ball steil in die Luft zu schlagen. Und denken Sie daran, den Rückschwung zu vollenden und die rechte Schulter dann nach vorn, nach unten und am Kinn vorbei zu schwingen. Dadurch werden Sie mit dem ganzen Körper durch den Treffbereich hindurch unten bleiben und sich nicht zu früh aufzurichten.

6. KAPITEL
Putten

Je weniger Teile Ihres Körpers sich auf dem Grün bewegen, desto einfacher und beständiger wird Ihr Putten sein.
Um das zu erreichen, rate ich zu einem pendelartigen Schlag, primär aus den Schultern heraus und von ihnen gesteuert.

Einundvierzigster Fehler

Schlechtes Putten – falsche Stellung am Ball

✗ Das Putten ist seiner ganzen Natur nach eine höchst individuelle Angelegenheit. Welcher Art aber auch immer die für Sie optimale Methode sein mag, sie sollte sicherstellen, daß der Ball konstant mit „Overspin“ sauber über das Grün rollen kann. Dabei spielt Ihre Haltung beim Ansprechen des Balles naturgemäß eine wichtige Rolle. Davon hängt es ab, ob und wie gut Arme und Oberkörper zusammenarbeiten, sie bestimmt die Schwungbahn des Schlägers und die Ausrichtung des Schlägerblattes im Treffmoment.

Hierbei treten zwei Fehler besonders häufig auf. Da gibt es einmal den Spieler, der aufrecht mit steifen Beinen am Ball steht, dessen Arme ganz gestreckt und dessen Augen außerhalb der Linie Ball-Ziel sind. Und dann ist da der andere, der genau das Gegenteil tut. Er „sitzt“ sozusagen am Ball, seine Ellbogen sind in der Regel stark abgewinkelt, und seine Augen sind viel zu weit innerhalb der Linie Ball-Ziel. Keine dieser Haltungen ist dazu angetan, einen harmonischen Schlag zu garantieren. Arme und Hände arbeiten eher unabhängig voneinander anstatt als Einheit mit Putter, Brust und Schultern.

EINUNDVIERZIGSTE KORREKTUR

Optimale Stellung für einen ausgewogenen Schlag

Die beste Voraussetzung für konstantes Putten ist nach meiner Erfahrung der von den Schultern geführte Pendelschwung. Das kann aber nur funktionieren, wenn Ihre Stellung am Ball den Armen vollständige Bewegungsfreiheit erlaubt.

Wir wollen das mal von unten nach oben aufbauen. Stellen Sie sich vor einen Spiegel ganz bequem an den Ball und winkeln Sie die Knie leicht ab, als ob Sie sich hinsetzen wollten. Das Gewicht sollte ein wenig auf der linken Seite liegen, die Ellbogen entspannt und so weit gespreizt sein, daß die Oberarme den Brustkorb berühren. Die Augen sollen direkt über – oder ganz leicht innerhalb – der Linie Ball-Ziel sein und der Ball unter dem linken Auge. (Nehmen Sie zur Kontrolle einen Ball und lassen Sie ihn von Ihrem linken Auge auf den Boden fallen.)

Als nächstes Ihre Ausrichtung: Analog zum vollen Schwung richten Sie auch das Schlägerblatt des Putters square zur Linie zum Ziel aus und versuchen Sie dann, den ganzen Körper – das heißt Füße, Knie, Hüften, Unterarme, Schultern und Augen – dazu parallel auszurichten.

Solange Sie wirklich entspannt bleiben und Ihre Hände entweder direkt über oder etwas vor dem Ball halten, sind Sie nun in der perfekten Position für einen weichen, gleichbleibenden Schlag, bei dem Hände, Arme und Schultern richtig zusammenwirken.

Zweiundvierzigster Fehler

Zu starke Bewegung des Körpers

Auf die Dauer kann man Putts nur einlochen, wenn das Schlägerblatt im Treffmoment square zu der beabsichtigten Puttlinie ausgerichtet ist. Deshalb putten die meisten der großen Künstler auf dem Grün mit einem Pendelschwung aus Schultern und Armen. Das beim Ansprechen des Balles aus Armen und Schultern gebildete Dreieck wird dabei unverändert an dem stillgehaltenen Kopf vorbeigeschwungen. Unnötige Bewegungen irgendwelcher Art sind dadurch ausgeschlossen.

Probleme entstehen, wenn Sie versuchen, dem Ball „ins Loch zu helfen". Sie werden dann im Treffbereich Kopf und Oberkörper verschieben und damit unweigerlich die Ausrichtung des Schlägerblattes verändern. Ein gleichmäßig gespielter Putt und eine Kontrolle über Richtung und Geschwindigkeit des Balles sind dann natürlich nicht mehr möglich.

Zweiundvierzigste Korrektur

Pendelbewegung der Schultern für richtiges Schwunggefühl

Je weniger Sie den Körper im Schlag bewegen, desto einfacher und zuverlässiger wird Ihr Putten sein. Und das erreicht man am besten mit einem von den Schultern geführten, kontrollierten Schwung.

Dazu empfehle ich folgende Übung: Stellen Sie sich ohne Schläger an den Ball und legen Sie beide Hände wie zum Gebet flach gegeneinander. Achten Sie nun auf das zwischen Händen, Armen und Schultern gebildete Dreieck, halten Sie den Kopf und die untere Körperhälfte vollständig still und schwingen Sie dann Ihre Schultern und damit das ganze Dreieck leicht hin und her. Bei dieser Pendelbewegung heben und senken sich die Schultern leicht im Wechsel; die Brust bleibt unverändert square zur Linie zum Ziel, und der Körper dreht sich nicht zum Ziel hin auf. Beim richtigen Schlag mit dem Putter werden Sie dann merken, wie durch das Absenken der linken Schulter im Rückschwung und das Anheben im Durchschwung der Schlägerkopf des Putters durch den Treffbereich hindurch in seiner geraden Schwungbahn bleibt.

Im Durchschwung, vor allem bei langen Putts, sollte Ihr Kopf sich nach Vollendung des Schlages dann langsam zum Ziel hin drehen. So bleibt das Dreieck erhalten, und Sie können den Ball auf seinem Weg zum Loch verfolgen, ohne die Position Ihres Körpers zu verändern.

Dreiundvierzigster Fehler

Abknicken des linken Handgelenkes

Ein ungewolltes Abknicken der Handgelenke im Treffmoment ist das sicherste Mittel zum Ruin des Putts. Dieses Abknicken geschieht häufig in Verbindung mit einer ruckartig angehaltenen oder zumindest langsamer werdenden Schulterbewegung, und es ist häufig der Grund für einen schlecht geschlagenen kurzen oder mittleren Putt. Und das passiert nicht nur den Amateuren, sondern oft genug auch den Pros.

Wer diesen Fehler begeht, wird kaum in der Lage sein, Geschwindigkeit und Richtung seiner Putts konstant zu halten. Und weil der Schlag auf den Ball durch dieses Abknicken der Handgelenke völlig unsicher wird, wirkt es sich auch auf Ihr Selbstvertrauen negativ aus. Das endet damit, daß Sie den Schwung im Treffbereich verlangsamen und der Ball zum Loch hin nicht richtig ausrollen wird.

Dreiundvierzigste Korrektur

Pullen und Pushen

Sie können sich gegen das Abknicken des linken Handgelenkes dadurch schützen, daß Sie den Putterschaft so hoch quer durch den linken Handteller legen, daß er unter dem Daumenballen festgehalten wird. Schließen Sie nun die linke Hand und legen Sie dann den linken Zeigefinger über die Finger der rechten Hand. Man nennt dies den „Reverse-Overlap-Grip", bei dem die linke Hand am Schlägerschaft fest verankert ist.

Das wollen wir nun mal praktisch ausprobieren. Achten Sie also darauf, daß die Schultern bei einem korrekten Pendelschwung den Ablauf von Anfang bis zum Ende steuern und die Hände passiv bleiben. Dazu folgende Übung: Sprechen Sie einen geraden Putt von etwa einem Meter normal an und pushen Sie dann den Ball ohne Rückschwung zum Loch. Pullen Sie den Schläger im Durchschwung mit linkem Arm und linker Schulter und pushen Sie ihn mit dem rechten Arm und der rechten Schulter. Achten Sie darauf, daß die linke Hand unbeweglich fest bleibt, während Sie den Putter am linken Fuß vorbei beschleunigen und auch darauf, daß das Schlägerblatt direkt zum Loch zeigt, während der Ball auf die Reise geht. Eine häufige Wiederholung dieser Übung wird Ihnen ein sicheres Gefühl für diesen Schlag geben, ein Verwackeln durch die Handgelenke ausschalten und die Bälle häufiger als bisher im Loch verschwinden lassen.

Vierundvierzigster Fehler

Schlechtes Entfernungsschätzen

Erinnern Sie sich an das letzte Mal, als Sie drei Putts machten? Was war der Grund? Zu starke Konzentration auf die Richtung oder die Unfähigkeit, dem Ball die richtige Länge zu geben? Ich wette, daß es in neun von zehn Fällen um die Länge geht.

Bei allen Putts über drei Meter ist die richtige Länge sehr viel wichtiger als die Richtung. Selbst der Anfänger kann seinen Putt einigermaßen auf der Linie halten; die richtige Länge wird ihm aber selten gelingen. Ohne eine lange Erfahrung und das notwendige „Puttgefühl" wird er seinen Ball höchstwahrscheinlich weit über das Loch hinausjagen oder vor lauter Angst viel zu kurz bleiben.

Das gilt in geringerem Maß auch für bessere Spieler. Auch sie neigen häufig dazu, ihre Putts je nach Länge eher „hart" oder „weich" zu schlagen. Das aber bringt sie in Schwierigkeiten. Mit einem prinzipiell harten oder weichen Schlag ist das Abschätzen der Entfernung sehr erschwert und wird im Zweifel mißlingen. Und dann wird der erste Putt nur allzu oft noch so weit vom Loch enden, daß der nächste zumindest noch eine Angstpartie wird.

VIERUNDVIERZIGSTE KORREKTUR

Puttlänge entsprechend der Schwunglänge

Eine der goldenen Regeln des Puttens besagt, daß die Länge des Schwunges die Länge des Schlages bestimmen sollte. Ein relativ langer Putt erfordert also einen eher langen Schwung und umgekehrt. Dabei darf man jedoch eines nicht übersehen: Unabhängig von der Länge des Putts muß das Schwungtempo, also die Zeitdauer des gesamten Schlages, möglichst konstant bleiben. Die Geschwindigkeit des Schlägerkopfes wird bei einem kurzen Putt also merklich langsamer sein als bei einem langen Putt.

Gute Putter, die in der Lage sind, ihrem Ball regelmäßig die richtige Länge zu geben, haben ein exzellentes Tempogefühl. Denken Sie daran, wenn Sie auf dem Übungsgrün Putts unterschiedlicher Länge üben. Stecken Sie drei, sechs und zehn Meter vom Ball entfernt Tees in das Grün und putten Sie nach diesen Zielen. Dabei wird der Rückschwung in jedem einzelnen Fall länger, und der Durchschwung sollte mindestens gleich lang, wenn nicht sogar etwas länger sein.

Nach der alten Regel „never up never in“ sollten Sie die Putts immer so stark schlagen, daß sie, wenn nicht im Loch, so doch mindestens dreißig Zentimeter dahinter enden. Mit dieser Schlagstärke ist sichergestellt, daß der Ball seine Linie hält, aber auch ins Loch geht, wenn er es nicht genau in der Mitte trifft.

Natürlich müssen Sie bei der Stärke Ihres Putts auch den Zustand des jeweiligen Grüns und die Art des Putts – auf- oder abwärts oder seitlich hängend – berücksichtigen.

FÜNFUNDVIERZIGSTER FEHLER

Fehler bei langen und schwierigen Putts

Wenn ich einen Amateur beim Ansprechen eines langen Putts beobachte, vor allem auf hängenden Grüns mit verschiedenen Wellen, so sehe ich schon, wie daraus drei Putts werden. Warum wohl? Weil Amateure derartige Putts nur höchst selten üben und deshalb auch kein Gefühl dafür haben. Sie hauen eher nach dem Ball, als daß sie den Schlägerkopf sauber durch den Ball hindurchschwingen.

Gute Putter lochen nicht nur regelmäßig Putts innerhalb von drei Metern ein – für einen guten Score absolut entscheidend –, sie haben auch das richtige Gefühl und den richtigen Touch für lange Putts. Sie wissen genau, daß es bei einer Entfernung von zehn oder fünfzehn Metern ausschließlich darauf ankommt, den Ball so nahe an das Loch heranzubringen, daß der zweite Putt einigermaßen einfach ist und sicher hineingeht. Geht der lange Putt ins Loch, so ist das ein Bonus. Aber drei Putts dürfen auf der Karte einfach nicht erscheinen.

FÜNFUNDVIERZIGSTE KORREKTUR

Setzen Sie sich ein höheres Ziel

Sie können Ihr mentales und physisches Potential zur Bewältigung langer und schwieriger Putts auf verschiedene Art und Weise vergrößern: 1. Auf Putts von zwölf Metern an aufwärts sollten Sie sich mental von vornherein positiv einstellen, und zwar nicht nur in bezug auf die Puttlinie, sondern auch auf das Loch selbst. Ich meine damit, daß Sie sich vorstellen, das Loch sei wesentlich größer, also ein Kreis von etwa sechzig Zentimetern Durchmesser um das eigentliche Loch herum, in den Sie Ihren Approach-Putt hineinspielen wollen. Sobald das gelingt, wird der zweite Putt im Höchstfall noch sechzig Zentimeter lang sein. 2. Seien Sie sich darüber im klaren, daß bei diesen langen Putts die reine Technik und ihre Beherrschung nicht notwendigerweise auch das Gefühl für den Schlag beinhaltet. Stellen Sie sich beim Ansprechen etwas aufrechter an den Ball und bemühen Sie sich um einen langen, freien Schwung zurück und durch den Ball hindurch, wobei zur Beschleunigung des Schlägerkopfes ein leichter Einsatz der Handgelenke erlaubt ist. Das linke Handgelenk kann also am Ende des Schlages ruhig etwas abgewinkelt sein.

3. Üben Sie lange Putts und fassen Sie den Schläger dabei nur mit der rechten Hand. Sie spüren dann ganz deutlich, wie der Schlägerkopf durch den Ball hindurchschwingt. 4. Putten Sie mehrere Bälle von einem Ende des Übungsgrüns zum anderen und versuchen Sie dabei, die Bälle möglichst dicht an den gegenüberliegenden Grünrand heranzuspielen.

SECHSUNDVIERZIGSTER FEHLER

Die Yips

Sehen Sie einen Golfer in erstarrter Haltung über einem kurzen Putt, der anstelle eines sauberen Schlages den Schläger unkontrolliert herumwedelt und den Ball dann meistens weit am Loch vorbeischiebt, dann leidet dieser Unglücksrabe an der schauerlichen Golferkrankheit, die man „Yips" nennt.

Die Yips haben schon manchen Golfer dazu gebracht, das Spiel ganz aufzugeben, aus lauter Frustration darüber, die im Grunde einfache Aufgabe, einen Putt einzulochen, nicht lösen zu können. Das Problem hat einen mentalen und einen physischen Aspekt und entsteht etwa wie folgt: Ein fehlerhafter Schwung ergibt ab und zu einen ausgelassenen Putt. Das wird langsam zur Gewohnheit und zu einer fixen Idee. Man glaubt, keinen Putt mehr einlochen zu können, man ist verkrampft, zittert vor Angst, verliert die Nerven, und eine innere Stimme wird immer lauter: „Du bist ein armseliger Putter. Du kannst überhaupt nicht putten." Aus und vorbei – Sie haben die Yips!

Der Fehler offenbart sich mental zuerst bei den kurzen Putts, weil Ihre Erwartungen bei langen Putts sowieso bescheidener sind. Aber die Krankheit verschlimmert sich. Was kann man dagegen tun?

SECHSUNDVIERZIGSTE KORREKTUR

Entspannung erleichtert die kurzen Putts

Wir wollen uns zuerst mit dem mentalen Aspekt befassen. Alle negativen, selbstanklagenden inneren Stimmen müssen verstummen. Denken Sie logisch! Wann, wo und wie immer Sie am Ball stehen – es gibt nur zwei Möglichkeiten: Der Ball geht entweder ins Loch, oder er geht vorbei. Akzeptieren Sie also diese Herausforderung. Machen Sie einen ordentlichen Schlag, treffen Sie den Ball sauber; und wenn Sie die Linie richtig gelesen haben und der Ball nicht von einer Spike-Marke abgelenkt wird, dann besteht durchaus die Chance, daß er ins Loch geht.

Soweit so gut. Nachdem Ihr Gemütszustand nun besser ausgeglichen ist, können wir uns dem physischen Aspekt zuwenden. Zuerst einmal müssen Sie sich entspannen. Fassen Sie den Putter etwas kürzer und eher leicht. Machen Sie nur einen kurzen Schwung mit leichter Beschleunigung im Treffbereich – und hören Sie dann, wie der Ball ins Loch fällt! Kurze Putts werden meistens ausgelassen, weil man hinterherschaut. Legen Sie beim Üben von Ein-Meter-Putts eine Münze unter den Ball und halten Sie die Augen nach dem Schlag fest auf die Münze gerichtet, bis Sie den Plumps hören! Sie können auch kurze Putts mit geschlossenen Augen üben. Sie konzentrieren sich dann nämlich mehr auf das Schlaggefühl als auf das Loch.

Als Schlagroutine empfehle ich folgendes: Blick zum Loch, zurück auf den Ball und dann der Schlag. So einfach ist das! Warten Sie nicht und erstarren Sie nicht über dem Ball. Je weniger Zeit Sie zum Grübeln haben, desto besser ist es. Legen Sie zur Stärkung Ihres Selbstvertrauens sechs Bälle in einer Entfernung von zirka einem Meter um das Loch herum. Sobald Sie sie alle einlochen, erhöhen Sie den Abstand auf einhundertzwanzig Zentimeter. Geht dann auch nur einer daneben, fangen Sie wieder von vorn an. Gewöhnen Sie sich daran, den Ball auf die Rückseite des Loches zu putten. Im Grunde genommen ist es alles nur eine Frage des Selbstvertrauens.

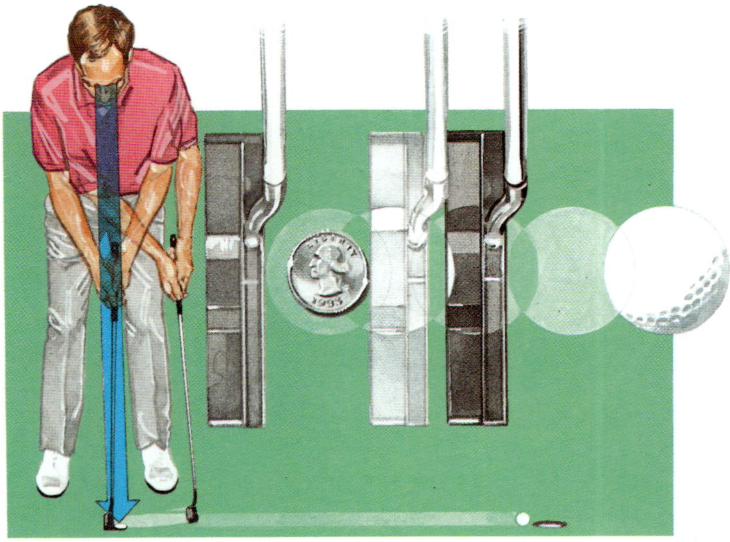

Siebenundvierzigster Fehler

Hängende Putts gehen unten am Loch vorbei

Putten wäre ein ziemlich eintöniges Geschäft, wenn alle Grüns topfeben wären. Leichte Gefälle und Wellen geben der Sache erst die richtige Würze und stellen den Spieler vor die Aufgabe, das Grün und den jeweiligen Putt richtig zu lesen. Im Laufe einer Runde werden Sie häufig gezwungen sein, einen hängenden Putt zu spielen, bei dem Sie sich mehr oder weniger weit nach links oder rechts vom Loch ausrichten müssen.

Nach meiner Erfahrung geht die Mehrzahl dieser Putts unterhalb des Loches auf der „Amateurseite“ vorbei, weil die Spieler das Ablaufen des Balles unzureichend einkalkulieren. Von rechts nach links hängende Putts werden also eher links am Loch vorbeigehen als rechts und umgekehrt bei Putts, die von links nach rechts hängen.

Was ist der Grund? Dem Spieler fehlt der Mut, seinen Putt weit genug nach rechts oder links vom Loch auszurichten. Instinktiv will er aufs Loch spielen, auch wenn er die hängende Lage klar erkannt hat. Mit dieser Einstellung sind aber die Chancen, den Ball einzulochen, praktisch gleich null.

Siebenundvierzigste Korrektur

Konzentration auf ein Zwischenziel

Denken Sie an die Interdependenz von Puttlinie und Schlagfläche, stellen Sie sich dann vor, wie der Ball zum Loch rollt und versuchen Sie dabei, den Punkt zu bestimmen, an dem er seitlich zum Loch hin abdrehen wird. Dieser Scheitelpunkt ist das Zwischenziel für Ihren Putt. Beim Lesen solcher Putts sollten Sie daran denken, daß der optimale Eingang des Loches für Ihren Ball jetzt seitlich verschoben ist, er also nicht wie im Normalfall von Ihnen aus gesehen bei „sechs Uhr" liegt, sondern bei „vier Uhr" oder „acht Uhr".

Wenn die Puttlinie bestimmt ist, kommt es darauf an, den Ball mit der richtigen Kraft zu schlagen. Schlagen Sie ihn zu stark, wird er oben am Loch vorbeigehen, sind Sie dagegen zu zaghaft, geht er unten vorbei.

Wie so oft, kommt es auch hier auf das Selbstvertrauen an. Sie müssen sich ganz einfach zutrauen, den Putt richtig zu lesen, Ablaufen und Geschwindigkeit des Balles genau zu bestimmen und ihn dann entlang dieser Linie auf die Reise zu schicken. Gelingt es Ihnen, den Ball präzise zu dem vorbestimmten Scheitelpunkt seiner Puttlinie mit der optimalen Stärke zu spielen, werden Sie auch solche hängenden Putts gelegentlich einlochen. Zunächst werden Sie den Ball eher auf der oberen oder Pro-Seite vorbeischieben.

ACHTUNDVIERZIGSTER FEHLER

Ein flaues Gefühl auf dem Grün

Es gibt Zeiten, da scheint das Putten die einfachste Sache von der Welt zu sein. Man steht entspannt über dem Ball, und das Loch erscheint einem so groß wie ein Eimer. Der Schlag ist perfekt und ausgewogen, der Ball wird sauber getroffen und verschwindet aus jeder Entfernung im Loch. Ich weiß, das passiert nur selten, aber es kommt vor.

Leider gibt es aber auch andere Zeiten mit den entgegengesetzten Erscheinungen. Sie sind verkrampft und zappelig, und das Loch scheint gar nicht mehr zu existieren. Sie fühlen sich höchst unbehaglich, und Ihre Putts laufen völlig aus dem Ruder. Der Ball verläßt das Schlägerblatt mit einem dumpfen Bums und kommt nicht einmal in die Nähe des Lochs. Und trifft er es doch einmal, so rollt er garantiert um die Kante herum. Sie haben jegliches Puttgefühl verloren; Zauber und Hochgefühl vergangener Tage sind verflogen. Wie kann man diesem trostlosen Zustand abhelfen?

ACHTUNDVIERZIGSTE KORREKTUR

Das Puttgefühl zurückgewinnen!

Hat das Puttgefühl Sie einmal verlassen, so könnten die folgenden Gedanken und Vorschläge hilfreich sein. 1. Überprüfen Sie zuerst Ihre Ausrichtung. Legen Sie einen Schläger auf das Grün, genau in Richtung auf das Loch und setzen Sie dann Ihren Putterkopf wie zum Ansprechen des Balles auf den Schaft dieses Schlägers. Dabei muß das Schlägerblatt square ausgerichtet sein, das heißt, mit dem Schaft des anderen Schlägers einen rechten Winkel bilden. 2. Heben Sie den Putterkopf leicht an und kontrollieren Sie beim Schwung dann seine Bahn. Viele Putts werden nur deshalb ausgelassen, weil die Schwungbahn des Putterkopfs quer über die Ideallinie verläuft. So getroffen kann der Ball nicht optimal rollen. Bei einem korrekten Schlag geht der Putterkopf zuerst leicht nach innen und wird dann gerade durch den Ball zum Loch hin durchgeschwungen. 3. Denken Sie auch an den Rhythmus des Schlages. Fassen Sie den Putter eher leicht, um jegliche Verspannung in den Händen und Armen von vornherein auszuschalten und den Putter frei schwingen zu können. Zählen Sie beim Schlag „einszwei" – eins für den Rück-, zwei für den Durchschwung. Das ergibt das richtige Tempo. Laufen Sie Gefahr, dem Putterkopf im Rückschwung mit den Augen zu folgen, so versuchen Sie mal mehrere Putts, bei denen Sie die ganze Zeit zum Loch schauen.

4. Überprüfen Sie auch die Schlagroutine. Machen Sie zum Beispiel zwei Probeschwünge, schauen Sie zweimal zum Loch und putten Sie dann. Finden Sie die für Sie persönlich beste Methode und bleiben Sie dann dabei. 5. Üben Sie Putts zu einem Tee anstatt zu einem Loch hin. Das nimmt Ihnen den Druck, den Ball einlochen zu müssen. Ein zusätzlicher Bonus besteht darin, daß Ihnen dann auf dem Platz das Loch riesengroß erscheint.

10
20
30
50
60
70
80
90
100
110
120
130
140

7. Kapitel

Chip und Pitch

Ich muß Ihnen ja wohl nicht sagen, wie wichtig das Chippen ist und wie viele Schläge sich damit einsparen lassen. Chip und ein Putt, drei- oder viermal auf einer Runde, können einen mäßigen Score in einen guten, und eine gute Runde in eine großartige verwandeln. Flexibilität im Denken und in der Praxis ist der Schlüssel zum Erfolg.

Neunundvierzigster Fehler

Chippen – falsche Stellung am Ball

Ich brauche Ihnen sicher nicht zu sagen, wie wichtig das Chippen für einen guten Score ist. Chip und ein Putt drei- oder viermal auf der Runde können einen mäßigen Score in einen guten und eine gute Runde in eine erstklassige verwandeln.

Chips lassen sich nur dann mit einiger Regelmäßigkeit tot legen, wenn man genau weiß, wie schnell und wie weit der Ball nach dem Aufsetzen auf dem Grün ausrollen wird. Die Relation zwischen dem eigenen Schlag und dem Verhalten des Balles läßt sich aber nur nach systematischem Üben und mit einer stets wiederholbaren Schlagart erkennen und beherrschen. Voraussetzung dafür ist aber, daß Sie beim Ansprechen korrekt und sicher am Ball stehen.

Stehen Sie jedoch falsch am Ball, so wird es Ihnen kaum gelingen, das Ausrollen des Balles nach der Landung auf dem Grün richtig einzuschätzen. Ist Ihr Gewicht etwa zu sehr auf dem rechten und der Ball zu weit vor dem linken Fuß – zwei der häufigsten Fehler –, ist ein sauberes Treffen des Balles, gelinde gesagt, äußerst fragwürdig. Sie werden den Ball nämlich eher „löffeln", und das kann nur schiefgehen.

NEUNUNDVIERZIGSTE KORREKTUR

Ball zurück, Gewicht und Hände nach vorn

Für einen stets wiederholbaren Schlag rate ich Ihnen beim Ansprechen des Balles zu folgender Prozedur. Als erstes ein enger, offener Stand, also merklich nach links vom Ziel ausgerichtet, der Ball zurück zum rechten Fuß und ein Großteil Ihres Gewichtes auf der linken Seite. Drücken Sie die Hände nun vor den Ball. Diese nach links ausgerichtete Ansprechposition wird sich auch im Treffmoment nicht verändern. Das mag Ihnen anfangs etwas ungewöhnlich vorkommen, aber Sie sollten es beibehalten. Aus dieser Ansprechstellung heraus werden Sie den Schläger zurück und leicht nach oben schwingen, um ihn dann in einem relativ steilen Winkel unter Herausschlagen eines flachen Divots durch den Ball hindurchzuschwingen. Nur so können Sie den Ball, vor allem aus schlechteren Lagen, hochbringen und ihm dabei noch Backspin geben. Zur Überprüfung dieser Prozedur legen Sie einen Schläger so neben Ihren rechten Fuß, daß er mit der Linie Ball-Ziel einen rechten Winkel bildet und schlagen Sie dann einen Chip. Stehen Sie richtig am Ball, wird Ihr Schlägerkopf im Rück- und Abschwung über den anderen Schläger hinwegschwingen, und der Ball-Boden-Kontakt wird im Treffmoment richtig ablaufen. Diese so gespielten Bälle werden sich nach dem Aufsetzen auf dem Grün immer gleich verhalten; und das wird Ihnen die Schlägerwahl erheblich erleichtern.

Fünfzigster Fehler

Chippen – zu sehr aus den Handgelenken

Haben Sie es geschafft, permanent richtig am Ball zu stehen, gilt es nun, sich den Ablauf des Schlages so einfach wie möglich zu machen. Das heißt, alle unnötigen und ungewollten Aktionen der Handgelenke und damit die potentielle Gefahr für den Ablauf des Schlages auszuschalten.

Die Gefahr und das Mißlingen des Schlages rühren meist daher, daß das linke Handgelenk im Treffmoment nach außen abknickt. Der Spieler möchte damit dem Ball in die „Luft helfen", anstatt diese Arbeit dem Loft des Schlägerblattes zu überlassen. Das Ergebnis ist ein zu langer Rückschwung und ein zu dünn, zu fett getroffener oder getoppter Ball. Der Schlag ist in jedem Fall verdorben.

Fünfzigste Korrektur

Schwingen mit festen Handgelenken

Bevor wir uns mit dem Schlag selbst beschäftigen, müssen wir erst eine wichtige Änderung an Ihrem Griff vornehmen – wir müssen Ihre linke Hand stärker machen. Sie drehen die linke Hand am Griff etwas mehr nach rechts, so daß auf dem Handrücken drei Handwurzelknöchel erscheinen. Das verhindert ein Abknicken des Handgelenkes im Treffmoment und erleichtert Ihnen das saubere Treffen des Balles.

Nun zum Schlag. Halten Sie Ihre Gewicht mehr auf der linken Seite und schwingen Sie den Schläger bei leichter Körperdrehung kurz zurück. Die Handgelenke bleiben locker oder passiv. Im Abschwung verlagern Sie die Knie weich und ohne Hast seitlich zum Ziel, in voller Harmonie mit einer entsprechenden leichten Körperdrehung, und schwingen Sie Ihren Schläger durch den Ball hindurch. Während Sie den Schlägerkopf durch den Treffbereich hindurch beschleunigen, bleibt das linke Handgelenk fest; und der Winkel am Rücken des rechten Handgelenkes sollte ebenfalls während des ganzen Schwunges konstant bleiben. Der Durchschwung ist dann nur relativ kurz.

Achten Sie also vor allem darauf, daß Ihre Handgelenke im Schlag fest bleiben. Führen Sie zur Kontrolle Ihre Durchschwungstellung mal komplett in die Ansprechstellung zurück. Sind Ihre Hände und die Schlagfläche noch etwa in der gleichen Position wie zu Beginn des Schlages? Wenn ja, sind die Handgelenke nicht aus der Reihe getanzt.

EINUNDFÜNFZIGSTER FEHLER

Kein „Touch" – kein Vorstellungsvermögen

Sollten Sie zu den Golfern gehören, die ihre Chips zwar ganz ordentlich schlagen, den Ball aber nur selten an die Fahne bringen, dann liegt das nicht notwendigerweise an Ihrer Schlagtechnik. Es ist vielmehr anzunehmen, daß Ihr strategisches Vorgehen ums Grün herum falsch ist.

Zur wahren Perfektion des kurzen Spiels gehört zweifellos mehr als die Beherrschung der reinen Schlagtechnik. Sie müssen auch die Fähigkeit entwickeln, sich die unterschiedlichsten Schläge vorzustellen und diese Vorstellung dann in die Tat umzusetzen. Dieses Defizit ist bei vielen Spielern der Grund dafür, daß sie nur selten mit Chip und einem Putt einlochen. Sie greifen schon nach dem von ihnen favorisierten Chipping-Club, lange bevor sie die Lage des Balles und die Natur des ganzen Schlages erkannt und beurteilt haben.

Natürlich kann man auch eine erhebliche Fertigkeit ums Grün herum entwickeln und dabei immer nur ein und denselben Schläger benutzen. Das bedingt jedoch stundenlanges Üben und ein außerordentliches Schlaggefühl. Wollen oder können Sie aber nicht so viel Zeit und Mühe investieren, rate ich Ihnen zur Entwicklung eines Chip-Systems, das auf einem gleichbleibenden Schwung basiert, aber je nach Lage und Länge des Balles den Einsatz verschiedener Schläger ermöglicht.

EINUNDFÜNFZIGSTE KORREKTUR

Vereinfachen Sie Ihre Strategie

Die wirkungsvollste Chip-Strategie sehe ich darin, den Ball so schnell wie möglich auf dem Grün aufzusetzen und dann ausrollen zu lassen. Natürlich hängt diese Kombination von Flug und Ausrollen von der jeweiligen Situation und der Lage des Balles ab; aber generell sollten Sie stets versuchen, den Ball etwa drei Meter hinter dem Grünrand aufsetzen zu lassen. Stellen Sie sich den Schlag zuerst genau vor und denken Sie dabei an die Grundregel: Je weiter der Ball ausrollen soll, desto weniger Loft muß Ihr Schläger haben und umgekehrt.

Dazu folgende Übung: Fangen Sie mit dem Eisen 9 an und gehen Sie so vor, wie es in den Korrekturen neunundvierzig und fünfzig beschrieben ist. Schlagen Sie so ein paar Bälle und konzentrieren Sie sich darauf, immer im gleichen Tempo zu schwingen: Achten Sie nun darauf, wie jeder einzelne Ball sich beim Ausrollen verhält. Ist Ihr Schwung gleichbleibend, sollten die Bälle am Schluß ziemlich dicht beieinander liegen.

Wiederholen Sie dies nun in der gleichen Art und Weise mit den Schlägern vom Eisen 5 bis zum Sand Wedge und merken Sie sich auch hier wieder das Ergebnis mit jedem einzelnen Schläger. Nach einigem Üben werden Sie ziemlich genau wissen, wie weit der Ball mit den verschiedenen Schlägern ausrollt.

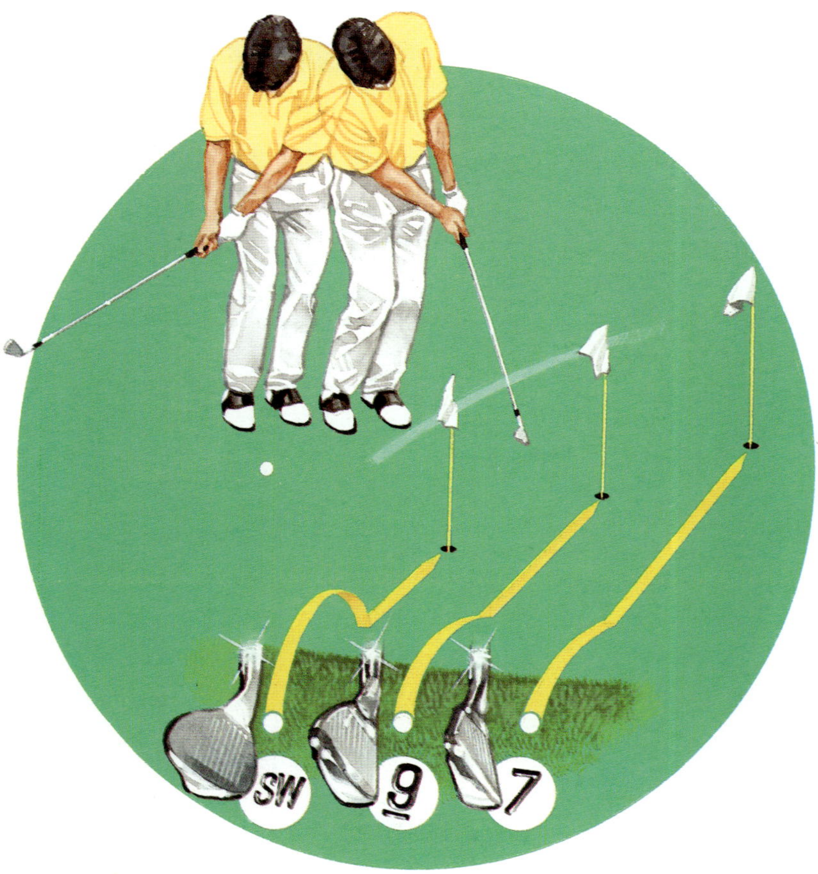

Zweiundfünfzigster Fehler

Mangelndes Selbstvertrauen

Wenn Sie je eine längere Angstperiode durchgemacht haben und das Vertrauen zu den kurzen Chips ums Grün herum verloren hatten, dann können Sie ermessen, wie frustrierend das sein kann. Die Unfähigkeit, einen in Wirklichkeit eher einfachen Schlag auszuführen, kann Ihr ganzes Spiel durcheinanderbringen. Ihre Nervosität wird immer größer, so daß Sie schließlich daran zweifeln, überhaupt noch irgendetwas zustande zu bringen.

So stark kann sich Ihre Gemütsverfassung auswirken. Bei einem Spieler mit Selbstvertrauen basiert das gute kurze Spiel auf Einfühlungs- und Vorstellungsvermögen, und er sieht nur den Erfolg. Wer dagegen im kurzen Spiel versagt, denkt nur negativ, wird verkrampft und „erstarrt" im schlimmsten Fall buchstäblich über dem Schlag. All das ist dazu angetan, die Konzentration des Golfers in allen Situationen mehr zum „Wie", also der inneren Einstellung, als zum „Wohin", der technischen Durchführung zu lenken.

Gehören Sie also zu den Spielern, die aus Angst vor dem Chip bei jeder Gelegenheit ums Grün herum zum Putter greifen, so werden die folgenden technischen Hinweise für Sie sicher von Nutzen sein.

ZWEIUNDFÜNFZIGSTE KORREKTUR

Chippen Sie so, wie Sie putten

Wirkliches Zutrauen zu Ihrem Chippen werden Sie am ehesten dadurch gewinnen, daß Sie Ihr Denken und Ihre Technik so weit wie möglich vereinfachen. Dazu schlage ich Ihnen vor, das Chippen einfach als ein verlängertes Putten zu betrachten. Nehmen Sie ein Eisen 8 und stellen Sie sich an den Ball wie zu einem langen Putt. Fassen Sie den Schläger so wie Ihren Putter und spielen Sie den Ball von der Innenseite des rechten Fußes. Halten Sie dabei die Hände und das Gewicht vorn, etwas mehr auf der linken Seite, und spreizen Sie die Ellbogen auseinander. Der Schläger sollte fast vertikal gehalten werden, so daß sein Hals leicht vom Boden abgehoben ist. Sie müssen also ziemlich nah am Ball stehen. Auf diese Weise sprechen Sie den Ball mehr mit der Spitze des Schlägerblattes an, und das trägt beim Treffen des Balles dann dazu bei, sein Aufsetzen und Ausrollen zu kontrollieren.

Die Schultern gehen im Schlag ein wenig hin und her, der Schläger wird im Rückschwung zehn bis fünfzehn Zentimeter vom Boden abgehoben und der Ball im Abschwung leicht von oben getroffen und so in die Luft befördert. Bemühen Sie sich, den Abstand zwischen den Ellbogen während des Schlages konstant zu halten, so daß der ganze Bewegungsablauf ausschließlich aus den Armen und Schultern erfolgt.

Das Schöne an dieser Methode ist, daß die Handgelenke ganz aus dem Spiel bleiben. Solange Sie den Kopf stillhalten und den Schläger kurz und sicher durchschwingen, werden Sie den Ball auch sauber treffen. Wie beim Putten, wird auch hier der Schwung mit zunehmender Entfernung länger. Bei besonders langen Schlägen dürfte sich ein Eisen 5 oder 4 empfehlen, damit der Ball weit ausrollen kann.

Dreiundfünfzigster Fehler

Mangelhafte Stellung am Ball

Ein Pitch ist für mich ein Schlag bis zu fünfzig Metern, bei dem der Ball mehr durch die Luft fliegen als am Boden rollen soll. Normalerweise nimmt man dazu den Wedge oder Sand-Wedge; und wie immer hängen Art und Konstanz des Schwunges weitgehend davon ab, wie Sie am Ball stehen.

Der Schlag wird für viele Spieler einfach deshalb zu einem Problem, weil sie sich so an den Ball stellen wie bei einem vollen Schlag. Sie richten ihren Körper parallel zur Linie Ball-Ziel aus; die untere Körperhälfte sollte bei einem Pitch aber im Verhältnis zur Ball-Ziel-Linie leicht offen ausgerichtet sein.

Richten Sie sich also irrigerweise square zum Ziel aus, so werden Ihre Schläge in ihrer Länge und Richtung nur selten korrekt sein. Da der Schwung bei einem normalen Pitch nur kurz ist, haben Sie bei einer falschen Drehung des Körpers nur eine geringe Chance, das Schlägerblatt bis zum Treffmoment wieder square auszurichten. Sie können das dann nur durch einen forcierten Einsatz der Hände versuchen.

DREIUNDFÜNFZIGSTE KORREKTUR

Die perfekte Position im Treffmoment

Für einen guten Pitch sind einige Kriterien im Treffmoment unabdingbar. So müssen Ihr Körper im Verhältnis zur Linie zum Ziel leicht offen und die Hände vor dem Ball sein.

Auf Dauer läßt sich das am besten dadurch erreichen, daß man diese Regeln bereits beim Ansprechen des Balles beachtet. Nehmen Sie also einen eher engen Stand ein und richten Sie Ihre untere Körperhälfte offen, also etwas nach links vom Ziel aus. Schultern und Schlägerblatt sollten dabei aber square ausgerichtet bleiben. Der Ball liegt etwas mehr zum linken Fuß, so daß die Hände vor ihm bleiben können. Legen Sie schließlich etwa sechzig Prozent Ihres Gewichtes auf die linke Seite, lockern Sie die Knie und verlagern Sie sie in einer ganz leichten Bewegung in Richtung auf das Ziel.

Das ist dann im wesentlichen die gleiche Position, wie sie für den Treffmoment erstrebenswert ist. Haben Sie das zuerst einmal vor dem Spiegel gründlich ausprobiert, werden Sie auf der Runde Ihre Pitches mit mehr Selbstvertrauen und Sicherheit schlagen.

VIERUNDFÜNFZIGSTER FEHLER

Falsche Schwungbahn – schlechte Schläge

Mit dem Pitch wollen und sollen Sie Ihren Ball möglichst nahe an die Fahne spielen. Deshalb ist die Beachtung und Einhaltung der korrekten Schwungbahn des Schlägerkopfes so wichtig. Der Spielraum für Fehler ist bei diesem kurzen Schwung so begrenzt, daß Sie den Ball nur dann sauber treffen können, wenn der Schlägerkopf auf der korrekten Bahn und im optimalen Winkel in den Ball hineingeschwungen wird. Dieser Winkel wird beim Pitch ziemlich steil sein. Schließlich benutzen Sie ja auch einen der Schläger mit dem größten Loft.

Offenbar haben viele Spieler dies leider noch nicht begriffen. So sieht man es immer wieder, daß der Schläger viel zu weit nach innen und um den Körper herum zurückgeschwungen wird und der Spieler den gleichen Fehler beim Durchschwung wiederholt. Auf dieser falschen Bahn aber kann der Schlägerkopf, wenn überhaupt, nur für einen ganz kurzen Moment auf der geraden Linie zum Ziel gehalten werden. Damit reduzieren sich die Chancen auf ein sauberes Treffen des Balles und seine gerade Flugbahn zur Fahne auf ein Minimum.

VIERUNDFÜNFZIGSTE KORREKTUR

Linientreuer Schwung für einen guten Pitch

Sobald Sie mit der in Korrektur 53 beschriebenen Ausgangsstellung gut zurechtkommen, sollten Sie als nächstes Ihre Schwungbahn etwas aufrichten. Wenn Sie den Körper drehen und den Schläger vom Ball wegschwingen, sollten Ihre Handgelenke sich abwinkeln. Es wäre falsch, die Arme nur einfach zu heben. Sie müssen es ganz deutlich spüren, daß der Schaft im Rück- und Durchschwung nach oben geht.

Nach einigem Üben werden Sie merken, daß der Schläger im Treffbereich jetzt vielmehr entlang der Linie zum Ziel schwingt, während sich Ihr Körper dorthin dreht. Wichtig ist immer der präzise Ball-Boden-Kontakt. Im Idealfall sollten Rückschwung- und Durchschwunghaltung spiegelbildlich sein. Nicht zu vergessen ist auch der für einen guten Pitch unerläßliche ausgeglichene Schwungrhythmus.

Zur Konsolidierung der korrekten Schwungbahn empfehle ich folgende Übung: 1. Stellen Sie sich ganz normal zu einem Pitch an den Ball. Stecken Sie dann einen Schirm oder Stock etwa sechzig Zentimeter außerhalb Ihres rechten Fußes auf der Höhe des rechten Absatzes in den Boden. 2. Wiederholen Sie das in der gleichen Weise mit einem zweiten Schirm vor dem linken Fuß, wiederum auf der Höhe des linken Absatzes. 3. Schwingen Sie nun den Schläger, ohne einen der beiden Schirme zu berühren. 4. Am Ende des Rück- und Durchschwunges sollten die Handgelenke so weit abgewinkelt sein, daß der Schlägerkopf zum Boden zeigt. Sobald Sie das richtig heraushaben, schlagen Sie ein paar Bälle, zuerst ohne ein festes Ziel, lediglich bestrebt, den Ball sauber zu treffen. Die bessere Qualität Ihrer Schläge wird Ihnen sehr bald auffallen; und Sie können sich danach beim Üben auf Richtung und Entfernung konzentrieren.

Fünfundfünfzigster Fehler

Unbeständigkeit in der Schlaglänge

Die Bedeutung des Pitchens für das Zustandekommen eines guten Scores kann gar nicht überschätzt werden. Wer den Pitch beherrscht, wird an kurzen Par 4 und an Par 5 Löchern mehr Birdies machen und meistens noch das Par retten, wenn der lange Schlag zum Grün nur mäßig war.

Aber selbst gute Spieler haben mit diesen Minischlägen häufig Schwierigkeiten. Sobald nämlich eine Situation einen nicht ganz vollen Schwung verlangt, wird das Schätzen der Entfernung zu einem Problem. Während Sie bei Schlägen von fünfzig bis sechzig Metern wahrscheinlich nur selten weit von der Richtung abweichen, können Sie mit Ihrem Ball leicht zu weit oder zu kurz sein.

Eine schlechte Kontrolle der Schlaglänge liegt meist an den unkoordinierten Bewegungen der Arme und des Körpers. Entweder ist der Schwung der Arme zu lang und wird dann bewußt oder unbewußt im Treffbereich abgebremst, oder er ist zu kurz, und der Spieler versucht, den Fehler im letzten Moment durch ein ruckartiges Nachstoßen auszugleichen. Solche technischen Fehlleistungen werden den Spieler auf die Dauer viele teure Schläge kosten.

FÜNFUNDFÜNFZIGSTE KORREKTUR

Der Körper kontrolliert den Schwung

Mittlerweile sollten Sie erkannt haben, daß der Kern meiner Lehrmethode in der Aussage liegt, daß der Körper den Bewegungsablauf des Schläger kontrolliert. Ich habe Ihnen dieses Konzept im Teil eins, „Der volle Schwung“, dargelegt. Das gilt analog auch für das kurze Spiel. Die Drehbewegung des Körpers bestimmt die Art und Weise, wie der Schläger durch den Treffbereich hindurchgeschwungen wird. Die schnellere beziehungsweise langsamere Drehung Ihres Rumpfes hat einen direkten Einfluß auf die Länge Ihrer Schläge.

Ich möchte Ihnen das durch die folgende Übung erläutern: Halten Sie ein Handtuch zwischen Brustkorb und Oberarmen und schlagen Sie so ein paar Pitches. Stellen Sie sich ganz normal an den Ball, greifen Sie den Schläger zur besseren Kontrolle etwas kürzer und schwingen Sie kurz zurück und durch, ohne das Handtuch dabei zu verlieren. Verändern Sie nun die Geschwindigkeit Ihrer Körperdrehung und achten Sie darauf, inwieweit sich dadurch die Länge Ihrer Schläge ändert. Stellen Sie sich vor, bei einem Zwanzig-Meter-Schlag den Körper mit einer Geschwindigkeit von zwanzig Kilometern pro Stunde zu drehen; bei dreißig Metern mit dreißig Kilometern in der Stunde und so fort. Halten Sie dabei während des ganzen Schlages das Gewicht primär auf dem linken Fuß. Ich wiederhole, je länger der Schlag, desto schneller muß der Körper sich drehen. Der dadurch geschaffene zusätzliche Impuls wird automatisch den Schwung verlängern und die Schlägerkopfgeschwindigkeit erhöhen. Verändern Sie also beim Üben dauernd die Länge der Schläge, um dadurch instinktiv zu lernen, wie schnell Sie Ihren Körper drehen müssen, um dem Ball die gewünschte Länge zu geben.

SECHSUNDFÜNFZIGSTER FEHLER

Hoher, weich aufsetzender Pitch – ein Problem

Der hoch fliegende, weich aufsetzende Pitch ist für jeden Golfer ein äußerst nützlicher Schlag – ideal, wenn der Ball schnell stoppen soll, zum Beispiel über einen Bunker an eine nahe am Grünrand stehende Fahne und ähnliche Situationen. Der Schlag erfordert naturgemäß einen besonders feinen „Touch", vom emsigen Üben gar nicht zu reden.

Sie werden mit diesem Schlag aber nur erfolgreich sein, wenn Sie die ihm zugrundeliegende Technik verstehen und beherrschen. Der Schlag ist per se sicher nicht einfach, aber ich sehe doch immer wieder Golfer, die sich das Leben unnötig schwer machen, indem sie nervös und unsicher versuchen, den Ball irgendwie in die Luft zu bekommen. Sie glauben offenbar nicht, daß der Loft des Schlägers ihnen diese Aufgabe abnimmt – obwohl sie bereits den Schläger mit dem stärksten Loft in der Hand haben. Abgesehen von gelegentlichen glücklichen Zufällen werden die Bälle entweder zu kurz sein und im Bunker landen oder wie der Blitz über das ganze Grün sausen.

Sechsundfünfzigste Korrektur

Wie lernt man den Lob?

Einen Lob sollte man nur dann versuchen, wenn der Ball wirklich gut liegt, das heißt relativ hoch auf einem Graskissen, so daß die Vorderkante des Sandwedge unter dem Ball hindurchgleiten und dabei Gras und Ball fast gleichzeitig treffen kann. Aus einer glatten, harten Lage sollten Sie dagegen das Risiko in Betracht ziehen und sich eher für einen regulären Pitch entscheiden, um dann eventuell doch noch mit einem Putt einzulochen.

Beim Lob ist der ganze Körper im Verhältnis zum Ziel offen ausgerichtet. Beim normalen Pitch ist es nur die untere Körperhälfte. Der Ball wird etwas mehr vom linken Fuß gespielt, das Gewicht ist gleichmäßig auf beide Füße verteilt, und das Schlägerblatt muß im Treffmoment unmittelbar hinter dem Ball in den Boden gehen. Der Schwung ist relativ lang und erfolgt fast nur aus den Armen. Die Hände führen den Schläger ohne einen prononcierten Einsatz durch den Boden-Ball-Treffmoment hindurch zu einem hohen Finish. Bei Ihrem offenen Stand wird die Schwungbahn des Schlägerkopfes von außen nach innen verlaufen, das aufgedrehte Schlägerblatt den Ball aber trotzdem gerade zum Ziel fliegen lassen.

Korrekt gespielt, wird der Ball steil hochgehen, weich auf dem Grün aufsetzen und nur wenig ausrollen. Der lange, eher langsame Schwung erfordert ein gewisses Selbstvertrauen und Konzentration darauf, daß die Hände nicht den Versuch machen, den Ball durch eine falsche Aktivität in die Luft zu bekommen.

Siebenundfünfzigster Fehler

Pitch und Run – ein leichter Schlag schwer gemacht

Die Beherrschung der Technik des Pitch und die Fähigkeit richtig zu beurteilen, wie weit der Ball vor dem Aufsetzen fliegen soll, werden Ihrem Spiel zweifellos sehr bald zugutekommen. Es wäre aber falsch, sich nur auf diesen hoch fliegenden Schlag zu verlassen. Es gibt nämlich Situationen, in denen der hohe Ball keineswegs die optimale Lösung darstellt. Das gilt zum Beispiel bei starkem Gegen- oder Rückenwind, bei sehr schnellen Grüns, auf denen der Ball genügend Raum zum Ausrollen hat. In solchen Fällen ist der flach gespielte, weit ausrollende Ball sehr viel sinnvoller. Je näher Sie am Grünrand liegen, desto eher sollten Sie sich dazu entschließen, den Ball so schnell wie möglich aufzusetzen und so weit wie möglich ausrollen zu lassen.

Das kann doch gar nicht so schwer sein – oder? Nun, es kann schwer sein, wenn Sie dem Ball zu viel Backspin geben, wenn Sie zu steil in ihn hineinschlagen. Er mag dann vielleicht eine flache Flugbahn haben, wird aber im Zweifel zu kurz sein. Um das auszugleichen, werden Sie den Ball härter schlagen und befinden sich dann plötzlich in einem Teufelskreis. Der Ball bekommt dann nämlich noch mehr Backspin und bleibt nach wie vor zu kurz.

SIEBENUNDFÜNFZIGSTE KORREKTUR

Schwingen Sie den Schläger um den Körper herum

Der Schlüssel zu diesem Schlag liegt in dem Topspin, den Sie dem Ball geben, so daß er nach dem Aufsetzen richtig ausrollen kann. Dazu müssen Sie den Ball mehr vom rechten Fuß spielen als beim normalen Pitch. Nehmen Sie einen Schläger mit starkem Loft, zum Beispiel einen Wedge, verlagern Sie Ihr Gewicht leicht zum Ziel hin, halten Sie die Hände gut vor dem Ball und seien Sie insgesamt nicht offen, sondern square zum Ziel ausgerichtet. Das ist der erste Schritt. Als nächstes geht es darum, den Schläger richtig zu schwingen, so daß der Schlägerkopf in einer flachen Schwungbahn auf den Ball trifft und ihn klar, ohne Divot vom Boden wegschlägt.

Aus Ihrer Ansprechstellung heraus werden Sie den Schlägerkopf nach innen zurückschwingen. Wenn Ihr Körper sich dann im Schlag zum Ziel hin dreht, sollte der rechte Arm sich über den linken schieben und dem Schlägerkopf freie Bahn geben. Stellen Sie sich vor, einen Minidraw zu schlagen, wobei Sie es richtig spüren sollten, wie sich das Schlägerblatt im Treffmoment zudreht. Rück- und Durchschwung sind eher kurz.

Ihr Griff ist bei dem ganzen Schlag eher leicht, so daß der Schlägerkopf ungehindert durchschwingen kann. Jeder Versuch, „nach dem Ball zu schlagen", wird einen steileren Auftreffwinkel zur Folge haben und dem Ball Backspin geben. Eine leichte Vorübung kann darin bestehen, Bälle aus dem Unterarm heraus – Handrücken zum Ziel – aufs Grün zu werfen und sie so weit wie möglich ausrollen zu lassen. Der rechte Arm muß sich dabei im Wurf drehen; und genau so müssen Sie es beim Pitch und Run mit Ihrem Schläger machen.

8. KAPITEL

Spiel aus dem Bunker

Dem Bunker zu entkommen, ist zweifellos eine große Kunst. Aber Sie werden überrascht sein, wie schnell Sie mit dem richtigen Verständnis und einigem Üben Ihr Bunkerspiel technisch verbessern und wieviele Schläge Sie auf der Runde dadurch einsparen können.

ACHTUNDFÜNFZIGSTER FEHLER

Aus dem Sand heraus!

Für die meisten Amateure sind Bunker furchterregende Hindernisse. Dabei liegt das häufig nur an einem Mißverständnis. So sind altbekannte Begriffe wie „Explosionsschlag", „herausexplodieren", „das Schlägerblatt von außen nach innen quer durch den Ball hindurchschwingen" ganz schön irreführend, weil sie Vorstellungen erwecken, die einem erfolgreichen Bunkerschlag nicht förderlich sind.

Wie leicht macht man doch den Fehler, mit zu viel Kraft zu schlagen. Der Schwung erfolgt mit großer Vehemenz, mit dem Erfolg, daß das Schlägerblatt in einem viel zu steilen Winkel in den Sand eindringt und zu viel Sand herausgeschlagen wird. Das kann natürlich niemals gut gehen. Im schlimmsten Fall bleibt der Ball im Bunker, oder Sie versuchen, den Fehler dann im Abschwung dadurch zu kompensieren, daß Sie überhaupt keinen Sand mitnehmen und den Ball dünn getroffen über's Grün jagen.

Denken Sie daran, daß der Schlag aus dem Grünbunker der einzige im Golf ist, bei dem Schlägerkopf und Ball nicht aufeinander treffen. Der Schlägerkopf schlägt in den Sand, und der Ball wird dann von dem herausfliegenden Sand-Divot auf's Grün getragen. Es gilt also, den Schläger stets so zu schwingen, daß ein relativ flaches Sandbett unter dem Ball herausgeschlagen wird.

Achtundfünfzigste Korrektur

Grundbegriffe der Bunkertechnik

Bei einer einigermaßen guten Lage sollten Sie den Ball aus einem Grünbunker grundsätzlich mit dem Sandwedge spielen. Durch den starken Flansch an seiner Sohle wird der Schläger zwar in den Sand eindringen, dann aber abprallen und sich nicht unkontrollierbar einbohren. Korrekt gespielt, können Sie mit diesem Schläger die Tiefe des herausgeschlagenen Sand-Divots genau bestimmen. Eine Voraussetzung dafür ist jedoch, daß das Schlägerblatt während des ganzen Schlages aufgedreht bleibt, es darf sich auf keinen Fall schließen! Wichtig ist dabei Ihr Griff. Zuerst das Schlägerblatt aufdrehen und dann den Schläger greifen. Ein Aufdrehen erst im Schlag funktioniert nicht.

Nach diesen Ermahnungen geht es nun in den Übungsbunker. 1. Stellen Sie sich in einem Winkel von dreißig Grad offen an den Ball, Gewicht gleichmäßig auf beiden Füßen und spielen Sie ihn nahe vom linken Fuß. 2. Lockern Sie die Knie und graben Sie die Füße für einen festen Stand etwas in den Sand. 3. Konzentrieren Sie Ihren Blick auf einen Punkt etwa fünf bis sieben Zentimeter hinter dem Ball. Genau dort soll nämlich die Unterkante des Schlägerkopfes in den Sand eindringen. 4. Schwingen Sie den Schläger parallel zur Linie Ihrer Fußspitzen weich zurück, wobei die Handgelenke dem Gewicht des Schlägerkopfes nachgeben und sich entsprechend abwinkeln. 5. Beim Abschwung bringen Sie die Schwungbahn des Schlägerkopfes wieder zurück auf die Linie zum Ziel, so daß er in einem flachen Winkel auf dem Sand trifft. Rückschwung und Abschwung ergeben zusammen also eine leichte Schleife. 6. Beschleunigen Sie den Schlägerkopf durch den Sand hindurch in Richtung Ziel und halten Sie den Schwung nur ja nicht an! Üben Sie das Ganze zuerst ohne Ball und achten Sie auf das dabei entstehende Geräusch. Ob Sie es glauben oder nicht – man kann einen guten Bunkerschlag hören.

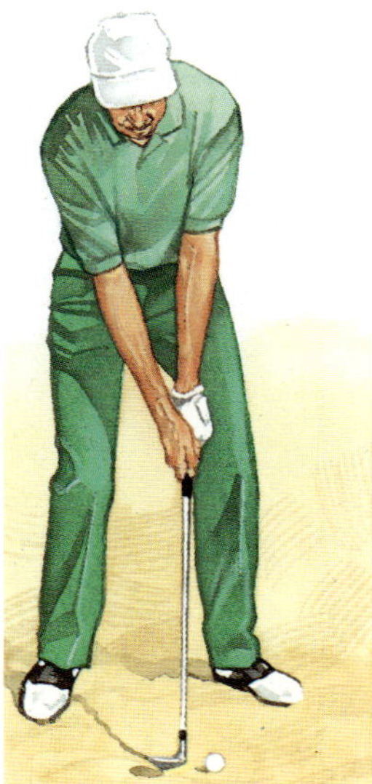

Neunundfünfzigster Fehler

Mangelndes Gefühl für die Entfernung

Wie immer Ihr Handicap sein mag, Sie müssen alles daransetzen, mit dem ersten Schlag aus dem Grünbunker herauszukommen. Erst wenn das zuverlässig funktioniert, können Sie sich bemühen, den Ball auch nahe an die Fahne zu bringen.

Die Bunkerprobleme vieler Spieler – und ich denke dabei besonders an diejenigen, die den Ball zwar regelmäßig aus dem Bunker heraus, aber selten an die Fahne bringen – beruhen zum großen Teil auf der Unfähigkeit, den Flug des Balles aus dem Sand genau zu bestimmen. So versuchen sie bei langen Bunkerschlägen möglichst nahe hinter dem Ball in den Sand zu schlagen und graben dann den Schlägerkopf weit in den Sand ein. Ein starker Kraftaufwand und ein schwaches Ergebnis. Bei einem tiefen Sand-Divot kann der Ball unmöglich weit fliegen und bleibt viel zu kurz.

Auch kurze Schläge werden oft falsch angegangen. Hier liegt der Fehler darin, daß zu viel Sand mit einem zu kurzen, ruckartigen Schlag herausgeschlagen wird. Nach einer solchen Aktion kann der Ball natürlich irgendwo landen.

NEUNUNDFÜNFZIGSTE KORREKTUR

Kontrolle der Beschleunigung

Aus Grünbunkern lassen sich einigermaßen konstante Ergebnisse nur dann erzielen, wenn einem klar ist, daß man buchstäblich bei jedem Schlag die gleiche Menge Sand herausschlagen muß. Bei einer einigermaßen guten Lage gilt es also, etwa fünf Zentimeter hinter dem Ball in den Sand zu schlagen. Nehmen Sie das als Faustregel. Um Bälle unterschiedlicher Länge zu schlagen, müssen Sie dann lediglich die Geschwindigkeit variieren, mit der Sie den Schlägerkopf in den Sand hineinschwingen. Damit ändert sich automatisch die Fluggeschwindigkeit des Balles. Also – langsamer Schwungrhythmus für kurze, schneller Rhythmus für lange Schläge.

Schwungtechnisch gesehen sollte der Rückschwung in allen Fällen gleich lang sein und mit wachsender Schlaglänge nur die Länge des Durchschwunges entsprechend zunehmen. Ein gleichbleibender Rückschwung garantiert gleichbleibenden Rhythmus, ein längerer Durchschwung ergibt eine höhere Beschleunigung des Schlägerkopfes im Treffmoment. Also – kurzer Durchschwung für einen kurzen Schlag und hohes Finish für einen längeren Schlag. Beachten Sie beim Üben diesen Moment der Beschleunigung, und Ihre Fähigkeit der Entfernungsschätzung wird sich wesentlich verbessern.

SECHZIGSTER FEHLER

Fehlender Touch bei kurzen, kniffligen Schlägen

Wenige Schläge im Golf verlangen einen feineren Touch und eine bessere Kontrolle des Schlägerkopfes als dieser: der kurze Schlag aus dem Grünbunker an eine nahe dem Grünrand stehende Fahne. Es muß sozusagen ein sanfter Platsch sein, der den Ball steil hochgehen und weich landen läßt, um dann noch das kurze Stück zur Fahne zu kullern.

Zwei für diese Situation typische Probleme können sich hierbei ergeben. Sie bremsen den Schlägerkopf im Treffbereich ab, und der Ball bleibt im Bunker oder, noch häufiger, Sie schlagen den Ball zu stark, so daß er weit über das Loch hinausschießt. Es kommt also offenbar darauf an, den Schlägerkopf entschlossen durchzuschwingen und dennoch den Ball nur kurz fliegen und weich aufsetzen zu lassen. Sicher keine einfache Kombination.

Sechzigste Korrektur

Der aggressive Explosionsschlag

Wie bei der Mehrzahl aller Bunkerschläge gilt es auch bei diesem, unter dem Ball einen flachen Sand-Divot herauszuschlagen. Für den kurzen Flug und das weiche Aufsetzen des Balles müssen beim Ansprechen des Balles ein paar kleine Änderungen berücksichtigt werden.

Die Füße sind etwas weiter auseinander. Sie stehen offen und etwas weiter vom Ball als im Normalfall. Die Hände sind tief und hinter dem Ball, um die Wirkung des Lofts noch zu vergrößern. Sie müssen den effektiven Loft des Schlägerblattes so weit wie möglich erhöhen, um kräftig unter dem Ball hindurchschlagen zu können, ohne daß er deshalb weit fliegt.

Winkeln Sie beim Rückschwung Ihr linkes Handgelenk soweit wie möglich ab, damit es in eine übertrieben offene Stellung kommt. Ihre untere Körperhälfte muß einen festen Halt abgeben, wenn Sie nun den Schlägerkopf in den Sand hinein beschleunigen. Dabei bleibt die rechte Hand unter der linken, so daß das Schlägerblatt im Treffbereich himmelwärts zeigt. Der starke Einsatz der Handgelenke mag Ihnen ungewohnt erscheinen; aber er ist völlig in Ordnung, solange das Schlägerblatt aufgedreht bleibt.

Am Ende des an sich nur kurzen Durchschwunges sollte Ihr Blick direkt auf das Schlägerblatt gerichtet sein. Sie werden es kaum für möglich halten, wieviel Fingerspitzengefühl Sie tatsächlich besitzen.

Einundsechzigster Fehler

Mangelndes Anpassen an hängende Lagen

Hängende Lagen im Bunker bedeuten immer ein gewisses Problem. Sie können sich das Leben aber noch sehr viel mehr erschweren, wenn Sie Ihre Stellung am Ball nicht der jeweiligen Hanglage anpassen. Wenn Sie sich in einer Abwärtslage so an den Ball stellen wie auf ebenem Untergrund, also aufrecht mit horizontal ausgerichteten Schultern, werden Sie den Schläger zu flach durchschwingen und den Ball viel zu hoch treffen. Außerdem schlagen Sie zu früh hinter dem Ball in den Sand oder überhaupt nicht und treffen den Ball dann viel zu dünn.

Sich einer Aufwärtslage nicht entsprechend anzupassen, kann genau so kostspielig werden. Eine gerade, aufrechte Haltung, bei der Sie sich scheinbar in den Hang hineinlehnen, wird einen Schwung zur Folge haben, bei dem der Schläger in einem viel zu steilen Winkel hinter dem Ball in den Boden geht. Der Schlägerkopf wird buchstäblich in den Sand gebohrt und damit jeglicher Vorwärtsimpuls ausgeschaltet. Der Ball wird daher viel zu kurz sein oder sogar im Bunker bleiben.

Einundsechzigste Korrektur

Beim Ansprechen technischen Ablauf bedenken

Hanglagen in Bunkern lassen sich nur dann bewältigen, wenn Sie Ihre Ansprechposition so weit wie möglich dem jeweiligen Hang anpassen. Das heißt, daß Sie sich im rechten Winkel zum Hang hinstellen und daß die Schultern möglichst parallel dazu ausgerichtet sind.

Bei Abwärtslagen werden Sie dabei Ihr Gewicht weitgehend nach links verlagern, die Knie flexibel und den Körper dadurch im Gleichgewicht halten. Stellen Sie die Füße etwas weiter auseinander, graben Sie sie für einen festen Stand in den Sand und spielen Sie den Ball von der Innenseite des rechten Absatzes. Bewegen Sie im Schwung die untere Körperhälfte so wenig wie möglich und führen Sie den Schläger mit den Händen und Armen. Winkeln Sie die Handgelenke ab, um den Schläger relativ steil hochschwingen zu können und konzentrieren Sie sich dann voll und ganz darauf, den Schlägerkopf den Hang hinunter und unter dem Ball durch den Sand zu jagen. Der Durchschwung ist ziemlich kurz, der Ball wird flach aus dem Bunker herauskommen und weit ausrollen.

Bei einer Aufwärtslage wird Ihr Gewicht dagegen hauptsächlich auf dem rechten Fuß liegen. Spielen Sie den Ball von der Innenseite des linken Absatzes und greifen Sie den Schläger etwas kürzer. Parallel zum Hang ausgerichtet wird Ihre rechte Seite tiefer sein als die linke. Die Schwungbahn muß sich im Rück- und Durchschwung der Kontur des Hanges anpassen, und der Schlägerkopf wird durch den Ball hindurch nach oben zu einem hohen Finish beschleunigt. Dieser Ball wird hoch fliegen und nur kurz ausrollen. Sie sollten sich also die Spitze der Fahne zum Ziel nehmen.

ZWEIUNDSECHZIGSTER FEHLER

Der eingebohrte Ball

Es gibt wohl kaum etwas Schlimmeres im Golf, als das Grün mit einem an sich gut geschlagenen Approach zu verpassen und den Ball dann halb oder ganz eingebohrt in einem Grünbunker zu finden.

Solche Situationen sind wahrlich dazu angetan, Ihre Charakterfestigkeit auf eine harte Probe zu stellen. Die Frage ist, wie werden Sie reagieren? Stellen Sie sich folgende Szene vor:

1. Sie finden Ihren Ball eingebohrt im Sand und fallen seelisch in ein tiefes Loch. Sie packen Ihren Sandwedge und hauen mit aller Kraft in den Sand. Nachdem der Staub verflogen ist, sehen Sie, daß der Ball sich nur ein paar Zentimeter bewegt hat.

2. Sie erkennen den Schicksalsschlag und akzeptieren widerwillig die Tatsache, daß man nicht immer eine gute Lage haben kann. Sie suchen also nach dem besten Weg, den Ball zumindest aus dem Bunker heraus- und möglichst auf das Grün zu bringen.

Sollten Sie sich für die erste Szene entscheiden, lesen Sie bitte weiter.

Zweiundsechzigste Korrektur

Schließen der Schlagfläche – Eingraben des Schlägers

Einen eingebohrten Ball müssen Sie buchstäblich herausgraben, und zwar mit der scharfen Vorderkante des Wedges oder Sandwedges. Dazu stellen Sie sich square an den Ball mit dem Gewicht primär auf dem linken Fuß. Der Ball liegt in der Mitte zwischen beiden Füßen. Jetzt geht es um die Stellung Ihres Schlägerblattes. Unter normalen Bedingungen würden Sie das Blatt aufdrehen und dann den Schläger greifen. Bei einem eingebohrten Ball greifen Sie den Schläger indessen ganz normal und drehen das Schlägerblatt dann etwas einwärts, so daß es nach links vom Ziel ausgerichtet ist.

Knicken Sie die Handgelenke im Rückschwung dann ganz bewußt ab, dadurch wird der Rückschwung entsprechend steil. Schwingen Sie den Schlägerkopf unter starkem Einsatz der rechten Hand in den Sand hinein, ziemlich genau hinter dem Ball, und das Ganze eigentlich ohne Durchschwung.

Entscheidend wichtig ist dabei, daß der Schlägerkopf im Sand bleibt. Sobald das Schlägerblatt im Treffbereich auf den Widerstand des Sandes stößt, wird es aus seiner beim Ansprechen noch geschlossenen Stellung in eine offene gedrückt und wird den Ball daher gerade zum Ziel lenken. Vergessen Sie bei all dem nicht, daß Sie aus einer solchen Lage dem Ball keinerlei Backspin geben können und daß Sie sich daher auf dem Grün genügend Raum zum Ausrollen lassen müssen.

Dreiundsechzigster Fehler

Keine Vorstellungskraft – kein Zutrauen

Golfer, die ausschließlich darauf eingestellt sind, „den Ball“ zu schlagen, können sich nur schwer vorstellen, daß sie in gewissen Situationen „hinter dem Ball“ in den Boden schlagen müssen, um ihn aus einem Hindernis herauszubekommen. Die Vorstellung, den Ball unbedingt aus dem Sand herauszubekommen, ist für sie einfach erschreckend, und ihr Vertrauen in dieses Vorhaben ist gleich null.

In schweren Fällen wie diesem sehe ich keine andere Möglichkeit, als mit dem Schüler sofort Plan B des Lehrprogrammes aufzunehmen. Die übliche Methode des Bunkerschlages – Abwinkeln der Handgelenke und Herausschlagen eines flachen Sand-Divots bei einem im Treffmoment beschleunigten Schwung – kann diesem Golfer allein nicht mehr helfen. Wenn Sie an einer Lösung dieses Problems interessiert sind, lesen Sie bitte weiter.

Dreiundsechzigste Korrektur

Schwung ohne Einsatz der Handgelenke

Ausschlaggebend für ein stabiles Bunkerspiel ist die Fähigkeit, einen Schwung zu wiederholen, mit dem ein flacher Sand-Divot aus dem Bunker herausgeschlagen wird. Glücklicherweise kann man dieses Ziel auf mehreren Wegen erreichen.

Fangen Sie damit an, das Schlägerblatt square auszurichten und Ihren Blick auf einen Punkt etwa fünf Zentimeter hinter dem Ball zu konzentrieren. Ihr Stand ist etwas weiter als sonst, Sie spielen den Ball genau aus der Mitte zwischen den Füßen und richten Ihren Körper square zum Ziel aus. Bisher also nichts Ungewöhnliches; aber jetzt kommt der springende Punkt: Ich möchte, daß Sie den Schläger zurück- und durchschwingen, ohne die Handgelenke dabei abzuwinkeln. Denken Sie wie beim Putten an das aus Schultern, Brust und Armen gebildete Dreieck und schwingen Sie den Schläger mit festen Handgelenken fast gerade bis etwa in Hüfthöhe zurück. Das Gleiche wiederholen Sie dann im Ab- und Durchschwung. Die untere Körperhälfte bleibt passiv, und das Dreieck wird geschlossen durch den Treffbereich in Richtung auf das Ziel durchgeschwungen.

Hierbei kommt es ganz besonders darauf an, die Handgelenke nicht einzusetzen und den Schlägerkopf in einem flachen Winkel in den Sand hineinzubringen. Der Schlägerkopf wird durch den Treffbereich hindurch beschleunigt und kann irgendwo zwischen drei und zehn Zentimetern hinter dem Ball in den Sand eindringen. Der Ball wird in jedem Fall aus dem Bunker herauskommen.

9. KAPITEL

Andere häufige Fehler

Einen Allroundgolfer erkennt man daran, daß er mit allem fertig wird, was ihm auf einer Runde begegnet. Kritische Lagen und wechselnde Witterungsbedingungen testen nicht nur Ihre Fähigkeit, sich allen nur denkbaren Umständen anzupassen, sie können auch Ihre mentale Widerstandskraft auf eine harte Probe stellen.

Vierundsechzigster Fehler

Die Fairwaybunker

Ich weiß, es klingt boshaft, aber es amüsiert mich immer wieder, einen Amateur zu beobachten, der sich an einen Schlag aus einem Fairwaybunker macht. Man erkennt seine wilde Entschlossenheit, den Ball so weit wie möglich zu schlagen. Die Versuchung, „ihm richtig eins draufzugeben", ist zu groß, um ihr zu widerstehen. Aber das führt leider oft dazu, daß der Ball erst nach dem zweiten Versuch überhaupt aus dem Bunker herauskommt.

Ich will damit natürlich nichts anderes herausstellen, als daß die wenigsten Spieler in einen Fairwaybunker gehen und dabei zuallererst an einen sicheren Schlag denken. Bunker sind nun mal Hindernisse, denen man mit Respekt begegnen muß; und der Spieler muß in erster Linie bemüht sein, den Ball aus diesem Hindernis heraus- und zurück ins Spiel zu bekommen. Beurteilen Sie die Lage also sehr sorgfältig. Wie liegt der Ball? Wie hoch ist die Vorderkante des Bunkers? Wie ist die Beschaffenheit des Sandes? Welche anderen Hindernisse sind noch in Reichweite? Alle diese Fragen müssen beantwortet sein, bevor Sie den geeigneten Schläger wählen und sich an den Ball stellen.

Vierundsechzigste Korrektur

Anhalten – Schauen – Beurteilen – Schlagen

Gerade in solchen Situationen dürfen Sie sich in bezug auf Ihre Spielstärke keinen Illusionen hingeben. Beurteilen Sie die Situation und die Lage des Balles realistisch. Prüfen Sie den Sand mit den Füßen und achten Sie auf die Vorderkante des Bunkers. Stellen Sie sich dann den Schlag vor, der Ihren Ball ins Spiel zurückbringen soll, und zwar mit einem Minimum an Risiko. Ich möchte Ihnen eigentlich ernsthaft raten, nie mehr als ein Eisen 4 zu nehmen, gleichgültig wie weit es noch zum Grün ist.

Wenn der Ball einigermaßen gut liegt, müssen Sie ihn unter allen Umständen zuerst, das heißt vor dem Sand treffen. Selbst ein nur dünn getroffener Ball kann immer noch gut aus dem Fairwaybunker herauskommen. Der Schwung sollte gewissermaßen eine wischende Bewegung sein, mit der Sie den Ball vom Sand wegfegen. Um das zu erleichtern, sollten Sie Ihren Blick auf die Oberseite des Balles konzentrieren. Es versteht sich von selbst, daß Ihr Gleichgewicht in einer solchen Lage von entscheidender Bedeutung ist. Sie werden Ihre Füße also in den Sand graben, bis Sie einen festen Stand haben. Zusätzlich können Sie die Füße dabei etwas nach innen drehen. Spielen Sie den Ball eher vom rechten Fuß und greifen Sie Ihren Schläger etwas kürzer.

Um nun diesen flachen, fegenden Schwung durch den Ball hindurch zustandezubringen, empfiehlt es sich, den Schläger etwas mehr nach innen zurückzuschwingen als sonst. Arme und Schultern lenken den Schwung, der umso eher gelingen wird, je weniger Ihre Beine dabei in Aktion treten. Bleiben Sie bei dem ganzen Schwung unten und schwingen Sie den Schläger bis zu einem ausgewogenen Finish durch.

Fünfundsechzigster Fehler

Der Kampf mit Auf- und Abwärtslagen

Wenn Sie normalerweise auf einem relativ flachen Platz spielen und dann plötzlich auf einem hügeligen Platz stehen, dann können hängende Lagen, auf- oder abwärts, Ihnen schon einen Schock versetzen. Ihre Beherrschung gehört aber auch in das Repertoire eines Allroundgolfers. Solch biestige Lagen sind ein Test für Ihre Anpassungsfähigkeit, aber auch für Ihre Kenntnisse der Flugeigenschaften eines Projektils. Lassen Sie mich das näher erklären: Wann immer Sie einen Ball aus einer Auf- oder Abwärtslage schlagen, wird seine Flugbahn nicht nur durch den Loft Ihres Schlägers bestimmt, sondern ebenso durch den Ansprechwinkel. So wird bei einem Aufwärtsschlag der effektive Auftreffwinkel größer und damit auch der auf den Ball einwirkende Loft. Der Ball wird also höher fliegen als aus ebener Lage, aber kürzer sein. Bei einer Abwärtslage ist es genau umgekehrt. Der effektive Auftreffwinkel wird kleiner, und die Hangneigung reduziert den Loft des Schlägers. Der Ball wird also auf jeden Fall flacher und weiter fliegen.

Fünfundsechzigste Korrektur

Nutzen Sie die physikalischen Gesetze

Für einen guten Schlag muß der Spieler in heiklen Lagen seine Körperhaltung der Hanglage anpassen, das heißt möglichst im rechten Winkel zu ihr stehen. Wer das außer acht läßt, wird an seinem Schlag keine Freude haben.

Nehmen wir zuerst die Aufwärtslage. Wichtig ist die Schlägerwahl. Aus einer Aufwärtslage fliegt der Ball, wie wir wissen, höher, und das muß berücksichtigt werden. Wenn die Entfernung zum Ziel normalerweise ein Eisen 6 verlangen würde, so nehmen Sie jetzt ein Eisen 5.

Stellen Sie sich möglichst im rechten Winkel zum Hang an den Ball und spielen Sie ihn mehr vom linken Fuß. Bei dieser Hanglage müssen Sie darauf achten, beim Rück- und Durchschwung nicht nach hintenüber zu kippen, und Sie müssen sich zwingen, Ihr Gewicht so weit wie möglich auf den linken Fuß zu legen.

In der Abwärtslage nehmen Sie einen Schläger mit stärkerem Loft, spielen Sie den Ball mehr vom rechten Fuß und halten Sie Ihr Gewicht eher auf dem rechten Fuß. Das hindert Sie nämlich daran, zum Ziel hin zu schwanken. Um den Ball so sauber wie möglich zu treffen, muß der Körper unten bleiben, damit Sie den Schlägerkopf steil von oben nach unten durch den Ball hindurchjagen können. In beiden Lagen sollte der Schlag primär aus den Händen und Armen erfolgen, ohne den Körper besonders zu drehen.

SECHSUNDSECHZIGSTER FEHLER

Ball über oder unter den Füßen

Wir haben gesehen, daß Auf- und Abwärtslagen ein Problem darstellen können. Das gleiche gilt für seitliche Hanglagen, bei denen der Ball entweder über oder unter dem Stand Ihrer Füße liegt. Auch in dieser Situation kann der Schwung nur gelingen, wenn er aus einer soliden Ansprechposition heraus erfolgt. Als erstes müssen Sie also diese Position der Hanglage anpassen.

Derartige Überlegungen werden aber leider viel zu selten angestellt, allzuviele Spieler verhalten sich so, als ob sie auf topfebenem Boden stehen würden. Sie wundern sich dann, wenn sie ihren nächsten Schlag aus einer womöglich noch heikleren Lage spielen müssen.

Wer aber diese Schläge einigermaßen konstant schlagen will, kommt um ein intensives Üben nicht herum. Dieses Üben kann jedoch nur dann Erfolg haben, wenn Sie den physikalischen Einfluß erkennen, den diese Hanglagen auf den Ablauf Ihres Schwunges und das Verhalten des Balles nach dem Treffmoment haben.

Sechsundsechzigste Korrektur

Hanglage kompensieren

Als erstes ist zu berücksichtigen, daß der Ball im Flug der Hanglage entsprechend abdrehen wird – das heißt bei der Lage über Ihren Füßen von rechts nach links, und von links nach rechts, wenn er unter dem Stand Ihrer Füße liegt.

Fangen wir mit dem über dem Stand Ihrer Füße liegenden Ball an. Die Hanglage wird unter anderem bewirken, daß Ihr Gewicht im Schwung nach hinten auf Ihre Fersen fällt. Um das auszuschalten, fassen Sie den Schläger etwas kürzer, stellen sich etwas näher an den Ball und halten das Gewicht auf den Fußspitzen. So der Lage angepaßt, werden Sie ziemlich aufrecht stehen, und Ihre Arme werden in einem eher flachen Bogen mehr um den Körper herumschwingen als im Normalfall. Der Schlägerkopf wird also deutlich von innen in den Ball hineinschwingen und ihm dadurch einen Rechts-links-Drall geben. Sie müssen sich daher entsprechend weit nach rechts ausrichten.

Ein unter dem Stand Ihrer Füße liegender Ball wird sich dagegen genau entgegengesetzt verhalten. Ihr Schwung wird aufrechter sein als sonst, und der Ball wird von links nach rechts fliegen. Halten Sie also entsprechend nach links. Diesmal wird der Hang Ihr Körpergewicht im Schwung nach vorn auf die Fußspitzen ziehen. Stellen Sie die Füße also etwas weiter auseinander und verlagern Sie Ihr Gewicht nach hinten auf die Fersen. Es geht vor allem darum, im Schlag „unten" zu bleiben, ohne nach vornüber zu kippen. Greifen Sie den Schläger möglichst am Schaftende und beugen Sie dann die Knie so weit ab, bis der Schlägerkopf hinter dem Ball liegt.

Sie werden bald herausfinden, daß man in diesen Lagen besonders kontrolliert schwingen muß. Als kleine Eselsbrücke dazu empfehle ich, den rechten Fuß durch den Treffbereich hindurch fest am Boden zu lassen. Versuchen Sie das mal!

SIEBENUNDSECHZIGSTER FEHLER

Leichtfertigkeit im Rough

Eine grundsätzlich positive Gemütsverfassung ist auf dem Golfplatz zweifellos von großem Nutzen. Das darf Sie aber nicht von einer realistischen Einschätzung Ihrer Fähigkeiten abhalten.

Nehmen wir zum Beispiel Ihr strategisches Vorgehen im Rough. Als Rough gelten generell alle die Teile des Platzes, die entweder extra dazu präpariert sind, oder in ihrem Urzustand belassen wurden, um Ihre krummen Schläge zu bestrafen. Sie werden selbstverständlich immer bestrebt sein, Ihren Ball auf dem Fairway zu halten. Kommen Sie jedoch einmal von dem geraden und schmalen Pfad der Tugend ab, so werden Sie sich, auch wenn Ihr Schwung an sich noch so gut ist, doch genau überlegen müssen, wie Sie da am besten wieder herauskommen.

Zahllose Spieler haben aber leider im Rough nur einen Gedanken und Vorsatz, nämlich den schlechten Schlag ins Rough durch einen tollen Zauberschlag wieder auszugleichen. Diese Leichtfertigkeit kostet leider immer wieder kostbare Schläge. Zum Trost kann ich Ihnen versichern, daß es je nach Situation und Lage des Balles eigentlich immer und überall einen Weg für einen Recovery gibt.

Siebenundsechzigste Korrektur

Beurteilen der Situation

„Von wo will ich meinen nächsten Schlag spielen?“ das sollte Ihre primäre Überlegung bei der Beurteilung einer Lage im Rough sein; und Ihre Entscheidung sollte sich im Rahmen Ihrer Fähigkeiten halten. Nicht der riskante, sondern der sichere Weg führt zum Erfolg. Beim Standardschlag aus dem Rough greifen Sie den Schläger etwas kürzer, spielen den Ball mehr vom rechten Fuß, schwingen den Schlägerkopf eher steil hoch und beschleunigen ihn dann nach unten durch das hohe Gras hindurch. In besonders schwerem oder tiefem Rough müssen Sie dazu vielleicht sogar den Sandwedge nehmen.

Natürlich gibt es da auch einige phantasievolle Schläge. Muß ein in kurzem Rough liegender Ball hoch auf ein Grün geschlagen werden, so spielen Sie den Ball mehr vom linken Fuß, drehen das Schlägerblatt auf (das Gras wickelt sich im Treffbereich um den Schlägerhals und dreht durch seinen Widerstand das Schlägerblatt zu) und fegen es unter dem Ball hindurch. Die rechte Hand sollte dabei führend sein. Handelt es sich darum, den Ball aus dem Rough heraus möglichst weit zu schlagen, zum Beispiel der zweite Schlag an einem Par 5 Loch, so sollte der Schlag mehr ein Punch sein. Spielen Sie diesen Ball mehr vom rechten Fuß, Hände und Körpergewicht nach vorn, Schlagfläche square oder leicht geschlossen. Machen Sie einen dreiviertel Schwung und lassen Sie die linke Hand den Schlag führen, so daß sie vor dem Ball durchschwingt. Das Gewicht bleibt während des ganzen Schlages links, und der Durchschwung ist nur kurz. Die Hände dürfen sich im Durchschwung nicht überkreuzen. Da sich im Treffmoment Gras zwischen Schlägerblatt und Ball setzen wird, bekommt dieser keinen Backspin und wird eher weit ausrollen. Man nennt das einen „Flier“.

ACHTUNDSECHZIGSTER FEHLER

Spiel im Wind

Das Spiel im Wind bedeutet im Golf eine ganz besondere Herausforderung. Sich ihr zu stellen und mit ihr fertig zu werden, ist mental wie physisch eine reizvolle Aufgabe. Einverstanden?

Leider sehen das nicht alle Golfer so. Beim leisesten Lüftchen fährt so manchem Golfer schon die Angst in die Knochen, bevor er überhaupt auf dem ersten Abschlag steht. Das sind dann die Spieler, die mit dem Wind kämpfen, anstatt ihn sich nutzbar zu machen. Sie versäumen es, bei ihren persönlichen Par-Rechnungen den Einfluß des Windes auf den Ball zu berücksichtigen. Wenn sie dann ein kurzes Par 4 Loch erst in drei Schlägen erreichen, sind sie frustriert. Sie versuchen dann, den Ball besonders hart zu schlagen und kommen unweigerlich aus dem Rhythmus. Es kommt ihnen irgendwie nicht zum Bewußtsein, daß das windige Wetter jeden trifft und daß fast alle Scores daraufhin höher werden. Es kommt also sehr darauf an, sich für solche Wetterverhältnisse die richtige Strategie zurechtzulegen.

Achtundsechzigste Korrektur

Die innere Einstellung

Bei „Stormy Weather“ sollten Sie einen festen Vorsatz fassen, bevor Sie den Abschlag betreten: Geben Sie sich selbst das Versprechen, stets zu versuchen, weich zu schwingen, ob der Wind nun von vorn, von hinten oder von der Seite bläst. So werden Sie auch im Wind Ihren Ball weit schlagen, weil Sie sich fest darauf konzentrieren, ihn sauber mit der Mitte der Schlagfläche zu treffen.

Ist dieser Vorsatz in Ihren Gedanken fest verankert, so können Sie sich darauf konzentrieren, Stärke und Richtung des auf dem Platz herrschenden Windes nach Möglichkeit für Ihre Zwecke zu nutzen. Diese Windverhältnisse lassen sich zum Beispiel an den Wipfeln der Bäume erkennen. Immerhin wird mancher Ihrer Bälle auch so hoch fliegen.

Vor allem aber widerstehen Sie der Versuchung, gegen den Wind ankämpfen zu wollen. Sie können die Tatsache, daß der Wind den Flug Ihres Balles stark beeinflußt, nur akzeptieren. Wo es notwendig oder möglich ist, stellen Sie sich darauf ein, daß der Wind den Ball zu dem von Ihnen angestrebten Ziel sogar zurückblasen kann. Nur einem sehr erfahrenen Spieler wird es gelingen, den Ball gegen einen starken Seitenwind in seiner Bahn zu halten, also zum Beispiel ein flach gehaltenes Eisen zur Fahne zu schlagen. Grundsätzlich sollten Sie Ihre Bälle sozusagen „in den Wind“ schlagen, also bei Wind von links nach rechts nach links, und wenn es von rechts pustet, dann eben nach rechts. Im übrigen ist das Ganze eine sehr reizvolle Herausforderung. Genießen Sie sie!

Neunundsechzigster Fehler

Fehler beim Fade und Draw

Es gibt Gelegenheiten, bei denen es äußerst nützlich ist, wenn man seinen Ball absichtlich von links nach rechts oder umgekehrt manövrieren kann; zum Beispiel wenn die Fahne hinter einem Bunker versteckt ist oder wenn man möglichst weit um ein Dogleg herumschlagen will. Seinen Schlag den Gegebenheiten des Loches in dieser Weise anpassen zu können, ist ebenso lohnend wie befriedigend.

Eine gewisse Gefahr liegt allerdings darin, daß man die für einen Draw oder Fade notwendigen Veränderungen seiner Ansprechposition übertreibt. So muß man für einen Draw nicht unbedingt meilenweit nach rechts zielen, das Schlägerblatt zudrehen, die rechte Hand für einen starken Griff weit aufdrehen, weit nach innen zurückschwingen und im Treffbereich die Hände überrollen lassen. Und für einen von links nach rechts fliegenden Ball ist es nicht nötig, weit nach links zu zielen, das Schlägerblatt total aufzudrehen, den Griff zu schwächen, den Schlägerkopf nach außen zurückzuschwingen und die Schlagflächen durch den Treffbereich hindurch aufgedreht zu lassen. Nach derartig übertriebenen Umstellungen werden Sie am Ende nur einen wilden Hook oder Slice zustandebringen.

Neunundsechzigste Korrektur

Steuerung des Balles

Als erstes muß ich darauf hinweisen, daß das Manipulieren des Balles in die eine oder andere Richtung nur etwas für wirkliche Könner ist und langes Üben erfordert. Bei den hier gegebenen Ratschlägen lege ich als Draw oder Fade einen Schlag zugrunde, bei dem der Ball nur bis zu etwa zehn Metern nach der einen oder anderen Seiten abdreht.

Zuerst der Draw: Richten Sie Ihren Körper etwas nach rechts vom Ziel aus und die Schlagfläche genau dorthin, wohin der Ball starten soll, in diesem Fall also ebenfalls nach rechts vom Ziel. Spielen Sie den Ball etwa um acht Zentimeter mehr vom rechten Fuß. Die Schlagfläche ist dann effektiv aufgedreht. Schwingen Sie den Schläger nun ganz normal parallel zur Ausrichtung Ihres Körpers. Dabei sollten Sie kurz vor dem Treffbereich merken, daß sich Ihr linker Arm im Gegenuhrzeigersinn dreht; die Fingerknöchel der linken Hand zeigen nun zum Boden. Dadurch wird sich die Schlagfläche beim Schwung durch den Ball schließen. Der Drall, der dadurch entsteht, daß Sie nach rechts zielen, und die Schlagfläche sich im Treffmoment schließt, wird den Ball in einem Bogen von rechts nach links fliegen lassen.

Für einen Fade richten Sie Ihren Körper nur ein wenig nach links vom Ziel aus und die Schlagfläche auch wieder dorthin, wohin der Ball starten soll, also ebenfalls nach links. Spielen Sie den Ball etwa acht Zentimeter mehr vom linken Fuß, die Schlagfläche ist dann effektiv zugedreht. Schwingen Sie dann, wie beim Draw, den Schläger parallel zur Ausrichtung Ihres Körpers zurück. Dabei sollten Sie dieses Mal merken, daß Sie versuchen, die Schlagfläche im Treffbereich aufzudrehen und daß Ihr rechter Arm sich nach rechts dreht. Die Fingerknöchel der linken Hand zeigen nun himmelwärts. Das Aufdrehen der Schlagfläche, kombiniert mit Ihrem offenen Stand, wird dem Ball den gewünschten Drall von links nach rechts geben.

SIEBZIGSTER FEHLER

Angst vor Fairwayhölzern und langen Eisen

Wenn Sie in der Regel auf einem langen Platz spielen, wissen Sie natürlich, wie wichtig die Beherrschung der langen Eisen und Fairwayhölzer für das Zustandekommen eines guten Scores sind. Auf einer solchen Runde muß der Spieler, der seinen Ball nur normal weit schlägt, häufig zu einem Eisen 4 oder 3 und zu einem Fairwayholz greifen. Das ist aber für viele Golfer gar nicht so einfach.

Diese Schläger mit ihren langen Schäften und steil stehenden Schlagflächen machen viele Spieler offenbar nervös. Der Schlag mißlingt in neun von zehn Fällen lediglich deshalb, weil der Spieler meint, er müsse unter dem Ball hindurchschlagen und besondere Anstrengungen machen, um den Ball in die Luft zu bekommen. „Wie kann ein Schläger mit einem so geringen Loft den Ball überhaupt ohne eine kleine Hilfe durch den Spieler hochbekommen?" So fragen sich viele. Aus lauter Angst wird dann auch meist noch kurz und hastig zugeschlagen. Der Rückschwung wird nicht sauber zu Ende geführt, es fehlt der Rhythmus und im Durchschwung die Kraft, weil der Spieler in dem vergeblichen Bemühen, dem Ball „hochzuhelfen" auf seinen rechten Fuß zurückfällt. Traurigerweise passiert dann meistens genau das Gegenteil!

SIEBZIGSTE KORREKTUR

Vertrauen in den Schwung – „Wegschnippen" des Balles

Fairwayhölzer und lange Eisen treffen den Ball fast genau im tiefsten Punkt ihres Schwungbogens. Dagegen treffen die mittleren und kurzen Eisen noch im Abschwung und der Driver vom Abschlag im bereits wieder einsetzenden Hochschwung. Der Schlägerkopf geht im Treffmoment so gut wie überhaupt nicht in den Boden, es gibt fast keinen Divot, und der Spieler sollte dabei das Gefühl haben, den Ball sozusagen vom Boden wegzuschnippen.

Um dieses Ergebnis einigermaßen sicherzustellen, sollten Sie den Ball im Vergleich zum Drive eine Kleinigkeit mehr vom rechten Fuß spielen. Im Schwung selbst muß dann darauf geachtet werden, daß der Rückschwung weich zu Ende geführt wird, der Rücken des Spielers sich dabei zum Ziel dreht und die linke Schulter sich unter dem Kinn nach rechts dreht.

Wenn Sie das alles beherzigen, haben Sie eine gute Chance, Ihr Gewicht im Schwung korrekt zu verlagern und die Drehbewegung des Körpers voll für den Schlag zu nutzen. Im Abschwung aus der voll aufgedrehten Position heraus gilt es dann, genau auf den Ball zu schauen, mit dem Körper durch den Treffbereich hindurch unten zu bleiben und dann zu einem hohen, wohl ausbalancierten Finish durchzuschwingen.

Machen Sie mit langen Eisen und Fairwayhölzern Übungsschwünge ohne Ball und konzentrieren Sie sich darauf, daß der Schlägerkopf bei seiner Beschleunigung durch den Treffbereich nur ganz knapp über das Gras streicht.

EINUNDSIEBZIGSTER FEHLER

Drives ohne Länge

Länge vom Abschlag, natürlich kombiniert mit der nötigen Präzision, ist für das ganze Spiel von großem Vorteil und eine wesentliche Hilfe für einen guten Score. Leider erreichen aber viele Amateure nicht die potentielle Länge mit ihrem Drive. Warum wohl? Meist wegen einer falschen Ansprechposition.

Wenn Sie vom Abschlag einen weiten, hoch fliegenden Drive schlagen wollen, so müssen Sie den Schlägerkopf in einer weiten Schwungbewegung durch den Treffbereich hindurch beschleunigen und den Ball im bereits wieder einsetzenden Hochschwung treffen. Leider ist aber die Unsitte weit verbreitet, sich beim Drive genau so an den Ball zu stellen wie bei einem mittleren Eisen. Das heißt, das Gewicht ist gleichmäßig auf beide Füße verteilt, der Ball liegt mehr zum rechten Fuß hin und die Hände sind vor ihm. Aus dieser Position heraus ist es jedoch völlig unmöglich, den Ball im wieder einsetzenden Hochschwung zu treffen, den Körper richtig aufzudrehen und das Gewicht ordnungsgemäß zu verlagern. Der Bogen des Rückschwunges wird zu eng; der Schlägerkopf trifft im Abschwung in einen steilem Winkel auf den Ball. Der Schlag wird schwach, ungenau und ohne jede Länge. Getoppte, gehackte und hoch in die Luft gehende Bälle sind das Resultat, das Sie an den Scheuerstellen auf der Oberseite Ihres Drivers ablesen können. Kein Wunder, daß den Spieler der Schreck packt, wenn er vom Abschlag nur noch einen Schlag von hundertdreißig Metern zustandebringt.

EINUNDSIEBZIGSTE KORREKTUR

Richtiges Ansprechen der langen Schläge

Die nachfolgend aufgezeigten Korrekturen Ihrer Ansprechposition dürften keine besonderen Schwierigkeiten machen, die Qualität Ihrer Schläge jedoch erheblich verbessern und Ihre Drives plötzlich hoch und weit fliegen lassen.

1. Teen Sie den Ball etwas höher auf als sonst und spielen Sie ihn von der Innenkante Ihres linken Fußes.

2. Stellen Sie die Füße etwas weiter auseinander und legen Sie mindestens sechzig Prozent Ihres Gewichtes auf die rechte Seite. Kopf und Hände sollten etwas hinter dem Ball sein.

3. Greifen Sie den Schläger relativ leicht, entspannen Sie sich und setzen Sie den Schlägerkopf nicht auf, halten Sie ihn vielmehr leicht über dem Boden.

Diese Korrekturen werden zusammengenommen Ihnen die freie und volle Drehung der Schultern erleichtern, einen weiten Schwungbogen ermöglichen und bewirken, daß Ihr Körper am Ende des Rückschwunges hinter dem Ball voll aufgedreht ist. Dieses Aufdrehen wie bei einer Spiralfeder sollten Sie ganz bewußt registrieren. Es ist die Voraussetzung dafür, daß Sie sich im Abschwung wieder nach links drehen und den Schlägerkopf in den Treffbereich hinein und, bereits wieder ansteigend, kraftvoll durch ihn hindurch beschleunigen. Halten Sie Ihren Kopf zurück, schlagen Sie nach der Rückseite des Balles, und versuchen Sie, den Ball so sauber vom Tee wegzuschlagen, daß es stehen bleibt.

ZWEIUNDSIEBZIGSTER FEHLER

Frauen – zu gelenkig, um sich aufzudrehen

Ich vergleiche den Rückschwung gerne mit dem Spannen eines Bogens. Je weiter man die Sehne zurückzieht, desto größer wird der Widerstand, bis man sie am Schluß freigibt. Je mehr Federkraft und Drehmoment Sie im Rückschwung aufbauen, desto mehr Kraft und Geschwindigkeit können Sie dem Schlägerkopf im Durchschwung geben. Diese Widerstandskraft aufzuheben, ist für viele Golferinnen offenbar ein Problem. Da sie von Natur aus sehr viel gelenkiger sind als die Männer, fällt es ihnen häufig schwer, die untere Körperhälfte im Rückschwung festzuhalten. Dann können sie in ihren Hüften und Knien nicht den Widerstand aufbauen, der für ein korrektes Aufdrehen des Oberkörpers nun mal unerlässlich ist.

Die hier dargestellte übertriebene Haltung meiner Frau Kelly ist typisch für dieses bei Golferinnen weit verbreitete Problem. Während der linke Absatz sich vom Boden abhebt, stoßen die Knie fast aneinander, und die Hüften drehen sich beinahe so weit wie die Schultern. Der Oberkörper richtet sich auf, anstatt sich hinter dem Ball zu drehen. Dadurch werden auch die Arme zu stark angehoben. Schlechtes Aufdrehen und ungenügende Gewichtsverlagerung sind die unausweichlichen Folgen, erkennbar an dem starken Überschwingen.

Zweiundsiebzigste Korrektur

Schlaglänge durch Widerstand

✓ Bei jedem guten Schwung leistet die untere Körperhälfte der Drehbewegung des Oberkörpers einen gewissen Widerstand. Eine gute Methode zum Aufbau dieses Widerstandes sehe ich für Golferinnen darin, daß sie beim Üben den linken Fuß so weit wie möglich nach außen drehen. Das bremst die Bewegungsfreiheit der unteren Körperhälfte und erleichtert gleichzeitig das Aufdrehen des Oberkörpers gegen den Widerstand der unteren Partien. Der Versuch lohnt sich! Ihr Schwung wird kürzer und kompakter, und Sie werden den Unterschied zwischen einem Anheben und einem Aufdrehen des Oberkörpers deutlich empfinden. Schauen Sie sich die Haltung meiner Frau jetzt an: Die Hüfte hat sich weniger gedreht, die Lücke zwischen den beiden Knien ist offen geblieben und das Gewicht korrekt verlagert worden. Mit diesem Bewegungsablauf kann sie nun den Schlägerkopf erheblich schneller durch den Treffbereich schwingen als vorher und dem Schlag erst den richtigen Pfiff geben. Sobald Sie sich an diese Umstellung gewöhnt haben, können Sie den linken Fuß wieder zu seiner normalen Stellung heranziehen. Vergessen Sie aber nicht die feste Haltung der unteren Körperhälfte.

Bei ihrer großen Beweglichkeit brauchen viele Frauen den linken Absatz im Rückschwung gar nicht anzuheben. Funktioniert der Einsatz Ihrer Beine also nicht wie gewünscht, so bemühen Sie sich doch mal ganz bewußt darum, die linke Ferse ganz fest am Boden zu lassen.

Dreiundsiebzigster Fehler

Frauen – keine Kraft

Ich weiß, daß das für viele Golferinnen ein ernstes Problem ist. Obwohl Sie regelmäßig Komplimente über Ihren „hübschen Schwung" erhalten, will es Ihnen nicht gelingen, den Ball wirklich weit zu schlagen. Und wenn Sie sich noch so sehr anstrengen, mehr Kraft aufzubauen, so werden Ihre Eisen- und Holzschläge trotzdem kaum an Länge gewinnen. Ihr Schwung mag sehr elegant sein; wenn Sie sich aber immer abstrampeln müssen, um Par 4 Löcher in zwei und Par 3 Löcher mit einem Schlag zu erreichen, dann ist die Eleganz des Schwunges nur ein schwacher Trost.

Natürlich hängt das alles auch von der generell vorhandenen Körperkraft ab. Aber viele Golferinnen setzen die Handgelenke im Schwung so ungenügend ein, daß er völlig steif wirkt. Weite Schläge mit den langen Schlägern sind dann aber undenkbar.

DREIUNDSIEBZIGSTE KORREKTUR

Mehr Kraft und Geschwindigkeit

Für einen besseren Einsatz der Handgelenke sowie mehr Kraft und Geschwindigkeit des Schlägerkopfes sollten Sie sich erst einmal für einen reinen „Zwei-Hände-Griff" entscheiden. Nehmen Sie einfach die rechte Hand am Schaft unter die linke und greifen Sie ihn mit den Fingern beider Hände, ohne sie miteinander zu verbinden. Die stärkere rechte Hand macht den ganzen Griff dann kräftiger.

Der Einsatz der Handgelenke läßt sich dann durch folgende Übung verbessern: 1. Stecken Sie bei einem kurzen Eisen ein Tee in das Ende des Griffes. 2. Schwingen Sie den Schläger rauf und runter und winkeln Sie die Handgelenke im Rück- und Durchschwung so ab, daß das Tee direkt zum Boden zeigt. Es ist also ein Abwinkeln im Rückschwung, ein Strecken im Treffbereich und ein erneutes Abwinkeln im Durchschwung.

Ein solcher Einsatz der Handgelenke kann, verbunden mit der in der zweiundsiebzigsten Korrektur beschriebenen Körperdrehung, Kraft und Geschwindigkeit des Schlages erheblich verbessern. 3. Schlagen Sie nun mit dem gleichen Griff und kurzem Schwung einige Bälle von einem Tee. Sie werden zum Beispiel bei einem Eisen 7 darüber erstaunt sein, wie weit Sie den Ball bei geringem Kraftaufwand schlagen. 4. Nehmen Sie schließlich Ihren Driver, drehen Sie ihn um und greifen Sie den Schlägerkopf. Machen Sie ein paar Schwünge. Versuchen Sie, das Griffende des Schlägers mit hörbarem Zischen durch den Treffbereich hindurchzupeitschen und achten Sie dabei genau auf Ihre Handgelenke. Ich garantiere Ihnen, daß Sie dann später bei normalen Schlägen mit diesem korrekten Einsatz der Handgelenke überraschend mehr Kraft in Ihren Schlag legen werden.

Vierundsiebzigster Fehler

Zu viele Ratschläge für junge Leute

Man muß sich entscheiden, ob man einem jugendlichen Golfer zu Beginn seiner Laufbahn ein paar wichtige Grundbegriffe mit auf den Weg gibt, oder ob man ihn von vornherein mit einer Menge technischer Einzelheiten überhäuft. Oft sehe ich wohlmeinende Erwachsene oder Eltern bei ihren Bemühungen, den Kleinen etwas beizubringen; und es ist ja auch durchaus wünschenswert, sie zu motivieren und mit den Grundbegriffen vertraut zu machen. Aber Vorsicht! Bevor Sie es überhaupt merken, werden Sie des Guten zu viel tun!

Jugendliche Golfer sind an detaillierter Theorie gar nicht interessiert. Also wozu ihren Kopf damit vollstopfen? Zu viele Ratschläge lassen sie nur zu viel darüber nachdenken, was man von ihnen alles erwartet. Der natürliche Prozess des Lernens durch Experimentieren und eigene Erfahrung kann dadurch gestört werden. Sie werden dann womöglich eher daran denken, wie sie ihren Schläger ausrichten sollen, anstatt ihn einfach zu schwingen. Das kann so weit gehen, daß es sie langweilt, sie das Interesse und die Lust verlieren und es schließlich aufgeben.

Vierundsiebzigste Korrektur

Einfache Grundbegriffe für junge Spieler

Wenn Sie sich für Jugendgolf einsetzen, dann sollten Sie Ihre Aktivitäten einfach und leicht fasslich gestalten – und die jungen Spieler möglichst bald sich selbst überlassen. 1. Überzeugen Sie sich davon, daß die Jungen die richtigen Schläger haben. Schwere Schläger normaler Länge können die Entwicklung des Schwunges nämlich empfindlich stören. Der Club-Pro kann da sicher Rat geben. 2. Geben Sie ihnen die Gelegenheit, gute Golfer bei Turnieren oder im Fernsehen zu beobachten. Kinder sind groß im Nachahmen, und sie werden die gewonnenen Eindrücke dann entsprechend nutzen. 3. Zeigen Sie ihnen einen Griff, mit dem sie den Schlägerkopf square in den Ball hineinschwingen können. Da sie zu Anfang wahrscheinlich mit einem Baseball- oder Zehn-Finger-Griff spielen, sollten dabei mindestens drei Handwurzelknochen auf dem Rücken der linken Hand sichtbar sein. 4. Unterstreichen Sie die Regel, bei jedem Schlag ein bestimmtes Ziel im Auge zu haben.

5. Halten Sie auch beim vollen Schwung die Theorie so einfach wie möglich, aber bringen Sie die Jungen und Mädchen dazu, genau auf den Ball zu sehen und den Schlägerkopf im Rück- und Durchschwung leicht durch das Gras gleiten zu lassen. Die Kinder müssen ein Gefühl für den Schwungablauf vom Beginn bis zum vollen, gut ausbalancierten Durchschwung bekommen. 6. Machen Sie sie frühzeitig auf die Bedeutung des kurzen Spieles aufmerksam. Touch und Gefühl dafür, frühzeitig erlernt, werden sich ein Leben lang erhalten.

7. Führen Sie sie in die Regeln und Etikette des Golf ein, sorgen Sie aber vor allem dafür, daß die Kinder Spaß am Golf haben.

Fünfundsiebzigster Fehler

Senioren – weniger Länge und Gelenkigkeit

Darin liegt die Ironie des Daseins. Es kommt der Lebensabschnitt, in dem Sie endlich mehr Zeit für Ihr geliebtes Golf haben, in dem Ihr Körper aber fast nur noch auf „über Par" eingestellt ist. Seine Beweglichkeit nimmt von Jahr zu Jahr ab, und das gleiche gilt leider auch für die Länge Ihrer Schläge.

So bedingt bei den meisten Golfern der Prozess des Alterns neben der reduzierten Beweglichkeit auch einen kürzeren und weniger kraftvollen Schwung. Sie versuchen dann, das irgendwie auszugleichen, um den Ball doch noch sauber zu treffen; aber das endet leider oft in einem schwachen Schwung und dem Verlust jeglicher Beständigkeit.

Fünfundsiebzigste Korrektur

Die Jahre zurückdrehen

Glücklicherweise kann Ihr Golf bis zu einem gewissen Grad wieder „verjüngt“ werden. Dazu zwei besondere Anleitungen:

1. Trainieren Sie zu Hause Körperdrehen. Nehmen Sie einen Besenstiel hintern Ihrem Rücken zwischen die Ellbogen. Drehen Sie den Körper dann so weit wie möglich nach links und rechts und zählen Sie in jeder Endstellung bis sieben. Fünf Minuten täglich genügen. Nach ein paar Monaten wird Ihre Beweglichkeit – und damit die Fähigkeit zum Aufdrehen des Körpers – erheblich verbessert sein.

2. Arbeiten Sie an Ihrem Schwung. Sie müssen sich wieder darauf besinnen, den Rückschwung zu Ende zu führen und den Schlägerkopf dann von innen in den Ball hineinzuschwingen und zu beschleunigen, um ihn nach wie vor weit zu schlagen. Stellen Sie zu diesem Zweck die Füße nicht zu weit auseinander und ziehen Sie den rechten Fuß und die rechte Hüfte etwas zurück, bis Ihr Körper im Verhältnis zur Linie zum Ziel geschlossen ausgerichtet ist. Dadurch geht die rechte Seite im Rückschwung leichter aus dem Weg. Der Ball liegt etwas mehr zum rechten Fuß. Erlauben Sie dann beim Rückschwung Ihrer linken Ferse, sich anzuheben und dem linken Ellbogen, sich abzuwinkeln. Dadurch können Sie den Schläger leichter und weiter zurückschwingen, und aus dieser entspannten Haltung heraus werden Sie den Schlägerkopf frei herunter- und mit den Händen und Armen voll durch den Ball hindurchschwingen. Das Ergebnis ist im Zweifel ein leichter Draw und damit ein längerer Ball. Mit etwas Übung und Vertrauen in diesen neuen, freien Schwung werden Sie bald wieder mehr Freude am Spiel haben.

Sechsundsiebzigster Fehler

Der „große" Golfer

Es ist sicher kein Zufall, daß viele unserer größten Golfer relativ klein sind. Körperliche Größe ist im Golf nämlich keineswegs ein Plus. Überlange Extremitäten komplizieren den Bewegungsablauf und können unnötige Bewegungen verursachen, die dann unweigerlich zu einem unbeständigen Schlag und einer unharmonischen Schwungbahn führen. Ein körperlich kleiner Spieler mit seinem tiefer liegenden Schwerpunkt hat dagegen einen eher kompakten und stabilen Schwung und eine entsprechend größere Spanne für eventuelle Schwungfehler.

Aber ich höre schon Ihren Einwand. Ergibt denn nicht körperliche Größe einen weiten Schwungbogen und damit einen langen Ball? Das schon – bis zu einem gewissen Grad. Aber Schlägerkopfgeschwindigkeit ohne genaue Kontrolle ergibt einen Schlag ohne Beständigkeit. Manche Bälle werden lang sein, aber viele schief nach allen Seiten. Der kleinere Golfer schwingt effizienter, maximiert die Hebelwirkung seines Schlages und trifft seine Bälle eher mit der Mitte der Schlagfläche. Mit seinem kontrollierten Schwung und im Rahmen seiner physischen Möglichkeiten wird er den Ball häufiger optimal schlagen als der körperlich große Spieler.

Sechsundsiebzigste Korrektur

Passen Sie sich an!

Richtig passende Schläger sind eine Voraussetzung zur Ausnutzung Ihres golferischen Potentials. Nur wenn die Schläger Ihren physischen Gegebenheiten angepaßt sind, können Sie sich stets korrekt an den Ball stellen – für körperlich große Golfer ein besonderes Problem.

Prüfen Sie unter diesem Gesichtspunkt Ihre Schläger: Sollten sie längere Schäfte haben, eine steilere „Lage", besonders wenn Sie lange Arme haben, oder dickere Griffe? Fragen Sie im Zweifel lieber Ihren Pro.

Wie steht es nun mit der Sicherheit Ihres Standes. Um der Neigung entgegenzutreten, sich zu tief über den Ball zu beugen, müssen Sie Ihren Stand etwas erweitern und die Knie mehr abwinkeln. Im Gegensatz zum körperlich kleinen Golfer ist Ihr Stand also weiter als die Breite der Schultern. Damit senkt sich Ihr Schwerpunkt, und Sie verlieren nicht so leicht das Gleichgewicht. Ist das erreicht, so schieben Sie Ihre Hüften und Knie leicht zum Ziel hin und heben die linke Hüfte etwas an. Dadurch senkt sich die rechte entsprechend, und Ihr ganzer Schwung bekommt eine feste Basis.

Außerdem sollten Sie alles daransetzen, harmonisch im Rahmen Ihrer physischen Fähigkeiten zu schwingen und nicht mit aller Gewalt auf den Ball zu hauen. Ein dreiviertel Rückschwung und ein gut ausbalanciertes Finish sind ausreichend und erstrebenswert. Sie haben ja von Natur aus schon einen weiten Schwungbogen; eine respektable Länge kann für Sie also kein Problem sein. Beständigkeit ist da für Sie sehr viel wichtiger. Denken Sie daran – die Wälder sind voll von Longhittern, sprich von ihren Bällen. Und Sie sind besser dran, wenn Sie Ihren Ball dorthin schlagen, wo die Mähmaschinen vorbeizukommen pflegen.

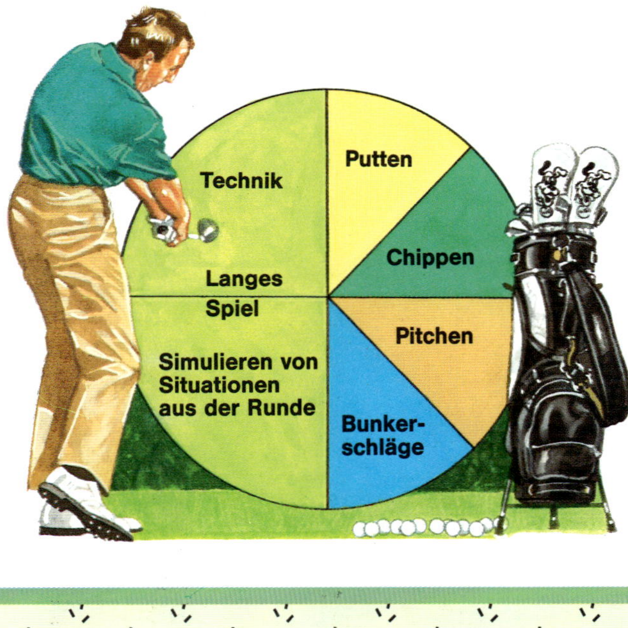
Technik
Langes
Spiel
Simulieren von
Situationen
aus der Runde
Putten
Chippen
Pitchen
Bunker-
schläge

10. KAPITEL

Spielen mit Kopf

Eine positive Grundeinstellung ist auf dem Golfplatz von großem Wert. Andererseits sollten Sie in bezug auf Ihre eigenen Fähigkeiten stets realistisch sein. Die sicherste Methode, den Ball auf dem Fairway zu halten, besteht meiner Erfahrung nach darin, sich vor jedem Schlag die Frage zu stellen: „Von wo möchte ich meinen nächsten Schlag spielen, und wie komme ich am besten dahin?“

Siebenundsiebzigster Fehler

Routine – was ist das?

Wie würden Sie Ihre „Routine vor dem Schlag“ selbst bewerten? Diszipliniert? Unbeständig? Völlig schlampig? Nicht vorhanden? Sollte ich nur eine Sache herausgreifen, die allen Spitzenpros gemeinsam ist, dann wäre es die permanente Befolgung einer strikten „Pre-shot-routine“. Natürlich ist es nicht immer die gleiche – die Menschen sind schließlich verschieden. Aber von dem Moment, in dem sie den Schläger aus der Tasche ziehen bis zum Einsetzen des Schwunges demonstrieren sie eine wohl einstudierte Verhaltensweise.

Zuerst stehen sie hinter dem Ball und stellen sich genau vor, wie sie ihn schlagen wollen. Dann setzen sie den Schlägerkopf hinter den Ball, überprüfen die Linie zum Ziel und stellen sich dann richtig an den Ball. Eine feststehende Anzahl von Waggles nimmt ihrem Stand und dem ganzen Körper jegliche Verkrampfung. Selbst die Zeit für diesen Teil der Routine ist bei jedem Schlag konstant.

Bei Amateuren ist dies dagegen ein unorthodoxer Prozess und die Art sich auszurichten eher schlampig und dem Zufall überlassen. Auf dem Abschlag stehen sie lange über dem Ball, auf dem Fairway kaum ein paar Sekunden. Manchmal zelebrieren sie ein paar Waggles, manchmal keine. Ihr Verhalten ist nicht konstant, es gibt kein festes Schema.

Sie wissen auch nicht, wann sie die Vorbereitung auf den Schlag unterbrechen und noch einmal von vorn anfangen sollten. Wenn jemand oder etwas ihre wie immer geartete Routine stört, dann schauen sie vielleicht kurz auf, um zu sehen, was los ist, treten aber nicht vom Ball zurück. Sie machen einfach weiter, obwohl ihre Konzentration gestört wurde. Und dann sind sie noch höchst erstaunt, wenn der Schlag in die Binsen geht.

Siebenundsiebzigste Korrektur

Machen Sie sich gute Schläge zur Gewohnheit

Eine stets eingehaltene Routine ist der sicherste Weg zu wiederholt sauberen Schlägen. Wir sind nun mal Gewohnheitstiere und reagieren entsprechend. Ich möchte Ihnen nun beschreiben, wie Sie dabei Schritt für Schritt vorgehen sollten:

1. Stellen Sie sich mit dem für den Schlag ausgewählten Schläger ein paar Meter hinter den Ball und schauen Sie zum Ziel. Stellen Sie sich genau vor, wie Sie den Ball schlagen wollen, wie er fliegen, wo er aufsetzen und wo er am Schluß liegen soll.

2. Gehen Sie nun zum Ball und stellen Sie sich etwa parallel zur Linie zum Ziel.

3. Halten Sie Ihre Füße zusammen, setzen Sie den Schlägerkopf hinter den Ball, so daß die Schlagfläche square zum Ziel ausgerichtet ist und stellen Sie sich selbst parallel zur Ball-Ziellinie.

4. Stellen Sie den linken Fuß etwas nach links und den rechten nach rechts. Damit entfällt die Sorge um die korrekte Position des Balles; sie bleibt nämlich unverändert.

5. Schauen Sie zum Ziel. Bewegen Sie die Füße leicht hin und her. Das ist für einen bequemen Stand unerläßlich. Lockern Sie dann die Arme und machen Sie ein paar Waggles.

6. Ein letzter Blick zum Ziel, Konzentration, Augen auf den Ball, ausatmen – gut für die Entspannung –, an den Schwung denken.

7. Ein letzter, innerer Anstoß und dann der Schwung. Wiederholen Sie das immer wieder, mit und ohne Ball, bis es alles instinktiv abläuft.

Achtundsiebzigster Fehler

Zu „wenig" Schläger

Stellen Sie sich mal eine Stunde lang hinter ein Grün und notieren Sie, wie viele Spieler ihren Approach bis auf Fahnenhöhe schlagen. Ich wette, es sind nicht viele. Die meisten werden zu kurz bleiben.

Es ist das alte „Ego-Problem". Zu viele Golfer haben eine unrealistische Vorstellung davon, wie weit sie ihre Eisen regelmäßig schlagen können. Sie gehen bei der Schlägerwahl von ihren besten Schlägen aus anstatt vom Durchschnitt ihrer Leistungen.

Warum diese fixe Idee mit der Schlaglänge? Solange der Ball korrekt getroffen wird und den richtigen Flug hat, fragt kein Mensch danach, welchen Schläger Sie benutzt haben. Eisen sind gedacht für gerade – nicht für superlange Schläge. Deshalb haben Sie ja auch einen ganzen Satz in Ihrer Tasche! Denken Sie doch mal logisch: Die Mehrzahl aller Hindernisse auf einem Golfplatz – Wasser, Bunker – liegen vor dem Grün. Die Wahl eines zu schwachen Schlägers ist daher ein Kardinalfehler bei der Auseinandersetzung mit dem Platz.

Dazu kommt noch, daß Sie bei einem zu harten Eisenschlag leicht aus dem Rhythmus kommen und den Ball dann nicht sauber treffen. Er wird dann im Endeffekt noch kürzer. Ist der Groschen gefallen?

Achtundsiebzigste Korrektur

Das „Meter-Spiel“

Ich habe schon auf die Bedeutung von Rhythmus und Gleichgewicht im Golfschwung hingewiesen, wie auch auf die Tatsache, daß gute Spieler alle Komponenten ihres Schlages und damit auch den Einsatz des Schlägerkopfs permanent unter Kontrolle haben.

Das liegt nicht zuletzt daran, daß sie genau wissen, wie weit sie mit jedem einzelnen Schläger in ihrer Tasche schlagen, plus-minus circa acht Meter. Es besteht für sie also nie die Notwendigkeit, ein Eisen zu hart zu schlagen. Soll der Ball weiter fliegen, so nehmen sie einfach einen stärkeren Schläger. Die erste Regel für die erfolgreiche Auseinandersetzung mit einem Platz lautet also: „Sei Dir genau darüber im klaren, wie weit Du mit jedem einzelnen Deiner Schläger schlagen kannst!“ Dieses Wissen muß Sie auf jeder Runde begleiten, und Sie müssen es bei jedem Schlag einsetzen.

Und seien Sie realistisch! Nehmen wir an, daß der Tour-Pro, der fast jeden Tag übt oder spielt und dessen Schwung naturgemäß wesentlich effizienter ist als der Ihre, ein Eisen 7 etwa hundertvierzig Meter weit schlägt. Die Chance, daß Sie dieses Eisen regelmäßig genau so weit schlagen, ist also verständlicherweise äußerst gering. An den Gedanken müssen Sie sich wohl oder übel gewöhnen und als Folge davon auch daran, in einer ähnlichen Situation bei etwa gleicher Entfernung eben einen entsprechend stärkeren Schläger zu nehmen. Glauben Sie, mit dem Eisen 7 noch hinzukommen, so nehmen Sie das Eisen 6. Im Zweifel immer den stärkeren Schläger! Sie werden sehr bald feststellen, daß Sie dann weicher schwingen, daß Ihre Bälle mindestens in Fahnenhöhe enden und daß die Putts dadurch kürzer werden.

Neunundsiebzigster Fehler

Grübeln beim Schwung

Also was geschieht? Sie stehen über dem Ball, ohne sich zu bewegen. Das gilt allerdings nur für Ihren Körper. In Ihrem Kopf aber kreisen die Gedanken mit einer Geschwindigkeit von hundert Stundenkilometern. Sie sind hochgradig angespannt und viel mehr mit dem „wie“ als mit dem „wohin“ Ihrer beabsichtigten Aktion beschäftigt.

Diese Szene dürfte vor allem denjenigen unter Ihnen bekannt vorkommen, die regelmäßig Golfstunden haben oder Fachbücher studieren. Der Unterricht bei einem guten Lehrer und das Studium von Fachartikeln aus kompetenter Feder werden Ihrem Spiel wirklich weiterhelfen, wenn Sie Theorie in Praxis umsetzen können. Sie müssen aber einsehen, daß Sie sich mit dem mechanischen Ablauf Ihres Schwunges niemals auf der Runde, sondern nur auf dem Übungsplatz beschäftigen dürfen. Was Sie sich dort erarbeitet haben, können Sie dann auf der Runde praktizieren. Nehmen Sie sich also unbedingt genug Zeit für ein zielbewußtes Üben.

Dazu noch ein kleiner Hinweis: Ein Golfschwung dauert insgesamt etwa eine Sekunde, und Ihre Muskeln können nur eine begrenzte Zahl von Befehlen aus Ihrem Gehirn verarbeiten, ohne sich „festzufressen“. Kommen zu viele Befehle, ist der Schwungrhythmus zum Teufel.

Neunundsiebzigste Korrektur

Machen Sie es sich möglichst einfach

Die Erfahrung lehrt, daß man sich in den zahllosen technischen Details des Golfschlags leicht verirren kann. Besonders schlimm wird das, wenn man versucht, die Arbeit am Schwung mit dem Bemühen um einen guten Score zu verbinden. Das kann nicht funktionieren! Auf der Runde müssen Sie sich dazu zwingen, theoretische Einzelheiten beiseite zu schieben. Unnötiges Fachchinesisch ist dann höchstens eine Last. Zwei einfache Grundgedanken sollten Sie beim Einsetzen des Schwunges haben – nicht mehr!

Denken Sie mehr an den Schwung als Ganzes und nicht an die einzelnen Phasen des Ablaufs. Konzentrieren Sie sich nämlich zu sehr auf das letztere, so wird Ihr Schwung unnatürlich und abgehackt. Denken Sie also nur an den Schwung als einen geschlossenen Bewegungsablauf und nicht als ein aus vielen Mosaiksteinen zusammengesetztes Gebilde. Zu den Grundgedanken könnten zum Beispiel gehören: 1. Den Rückschwung beenden und 2. Durchschwung bis zum Finish.

Bei solchen Gedanken entspannen sich Körper und Geist, und der Rhythmus des Schwunges bleibt erhalten. Und wenn Sie physisch und mental so eingestellt sind, dann können Sie sich voll und ganz auf das Ziel Ihres Schlages konzentrieren. Folgen Sie Ihrem natürlichen Instinkt und lassen Sie den Dingen ihren Lauf.

ACHTZIGSTER FEHLER

Undiszipliniertes Üben

Das alte Sprichwort „Übung macht den Meister" gilt im Golf nur dann, wenn Sie dabei stets ein festes Ziel im Auge haben. Im Laufe einer Stunde hundertfünfzig Bälle zu schlagen, ist sicherlich nicht so sinnvoll wie nur fünfzig, wenn die zusätzlichen hundert ziellos in die Gegend geknallt werden. Was zählt, ist nicht die Quantität, sondern die Qualität des Übens.

Man muß sich also schon die Mühe machen, das Üben zeitlich und technisch so einzuteilen, daß es wirklich all dem zugute kommt, was später auf der Runde über einen guten oder schlechten Score entscheidet. Gerade das aber vermisse ich bei den meisten Spielern, wenn ich sehe, wie sie voller Tatendrang zum Übungsplatz marschieren.

Aus unerfindlichen Gründen hat das wilde Draufhauen mit den langen Schlägern, vor allem mit dem Driver, nach wie vor eine große Faszination. Natürlich macht das Spaß, aber es ist doch unlogisch, wenn man sich vor Augen hält, daß das kurze Spiel mehr als die Hälfte des Spieles ausmacht und daß es für einen guten Score in jedem Fall von entscheidender Bedeutung ist. Eine Stunde lang mit dem Driver zu prügeln und danach zehn Minuten chippen und putten, das ist kein produktives Üben.

Achtzigste Korrektur

Richtiges Üben führt zum Erfolg

So traurig es auch sein mag, wir werden unser Leben lang nur wenig Zeit für das Golf haben, und darum sollten wir sie gerade in bezug auf das Üben auch optimal nutzen. Vergessen wir dabei nicht, daß sich verschiedene Bewegungsübungen ohne Ball auch sehr gut zu Hause durchführen lassen. Kommen Sie dann auf den Übungsplatz, so müssen Sie sich jedesmal ein präzises Schema zurechtlegen, nach dem Sie eine bestimmte Anzahl unterschiedlicher Schläge üben.

Teilen Sie die Übungszeit sinnvoll zwischen dem langen und dem kurzen Spiel. Haben Sie zwei Stunden zur Verfügung, so üben Sie in der ersten die langen Schläge. Fangen Sie das kurze Spiel dann mit dem Wedge an, gehen Sie langsam zu den mittleren Eisen über und konzentrieren Sie sich eine halbe Stunde lang auf deren Schlagtechnik. Legen Sie zur Kontrolle Ihrer Ausrichtung einen Schläger auf den Boden; ein sachverständiger Freund kann das sicher noch besser, am besten aber die Video-Kamera.

Die vierte halbe Stunde verbringen Sie dann mit der realistischen Vorstellung und praktischen Ausführung von Schlägen, wie Sie sie auf dem Platz ausführen müssen. Merken Sie sich dabei die Längen mit den verschiedenen Schlägern und wie nahe Sie den Ball an das gewählte Ziel brachten. Auch den Punch, Hook und Slice um einen imaginären Baum herum und Bälle aus schiefen Lagen können Sie üben. Und vergessen Sie dabei nicht: Je realistischer Ihr Übungsprogramm konzipiert ist, desto leichter ist es hinterher für Sie, das Gelernte in das Spiel auf dem Platz zu übertragen und dort dann den Lohn für Ihre Mühen zu ernten.

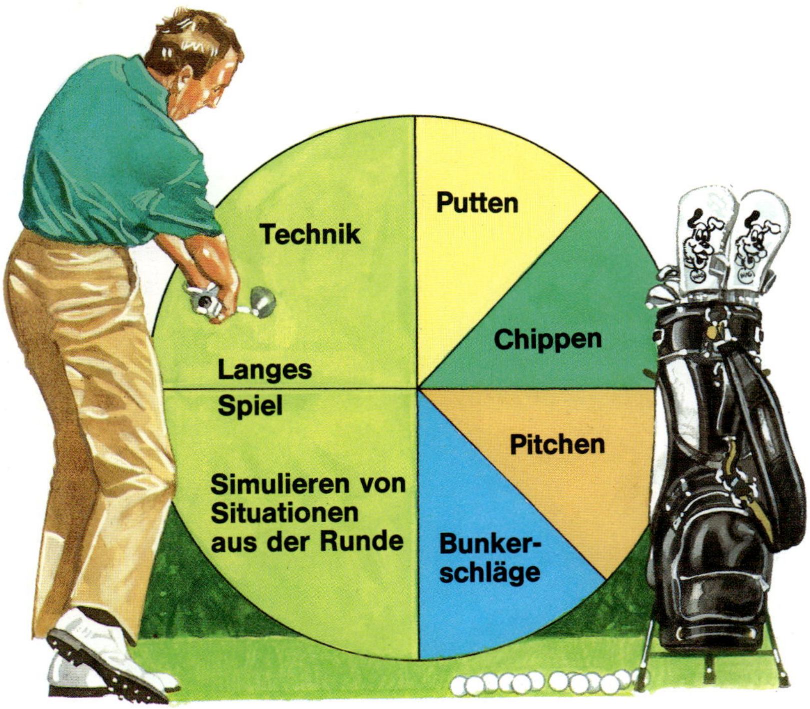

Fehler — Seite

Korrekturen — Seite

Fehler

Seite

Korrekturen

Seite

Fehler

Korrekturen